Fidel Enda

Geistliches Send-Schreiben

Abgegeben an die annoch verblibene Bauern in dem Gebürg, und Türnberg

Fidel Enda

Geistliches Send-Schreiben
Abgegeben an die annoch verblibene Bauern in dem Gebürg, und Türnberg

ISBN/EAN: 9783743678866

Hergestellt in Europa, USA, Kanada, Australien, Japan

Cover: Foto ©Lupo / pixelio.de

Weitere Bücher finden Sie auf **www.hansebooks.com**

GEISTLICHES SEND-SCHREIBEN, ABGEGEBEN AN DIE ANNOCH VERBLIBENE BAUERN IN DEM...

Fidel Enda, D. G. A., ...

Geistliches Send=Schreiben/

Abgegeben
An die annoch verblibene Bauern
In dem
Gebürg/ und Nürnberg.

Liebwerthiste Freund!

Wann ich wuste/ daß ihr euch auß jenen befinden soltet/ welche der wahren Lehr sich halßstärrig widersetzen/ und die allgemeine Mutter/ die Römisch-Catholische Kirchen/ verachten/ wurde ich mich niemahlen bemühet haben/ einen Buchstaben an euch ergehen zulassen; allermassen mir nur leyder gar zu wohl bekannt ist/ daß alle Vätterliche Ermahnungen nicht nur allein nichts außwürcken/ sondern gedachte Glaubens-Irrige destomehr in ihren Fehlers-Wuth erhitzen und anfeuren/ welches freylich wohl ein gewisses Anzeigen ist der entwichenen Göttlichen Gnad. Allein weil ich hoffe/ es werden von euch dise räudige Schaaf nunmehro durch die grosse Obsorg unseres Geistlichen Hirten/ und Gnädigisten Lands-Vatter abgesönderet worden seyn/ und ihr in den wahren Schaaf-Stall desto besser und sicherer ruhen/ je gefährlicher ihr bißhero denen reissenden Wölffen habet beywohnen müssen/ als hab ich mich leicht entschlossen/ gegenwärtigen Brieff an euch zu senden/ theils/ damit ich euch in der wahren Lehr bekräfftige/ theils/ damit ihr einen Trost darauß schöpfen möget/ in Bedenckung/ daß ihr nicht in der Finstere/ sondern in dem wahren Liecht als Kinder GOttes zu dem himmlischen Vatterland wanderet. Sollet ihr aber ein Bedencken tragen/ dise Zeilen zu durchlesen/ weilen ihr nicht wisset/ von wem/ oder woher sie kommen/ ob

ſie nicht von einen Glaubens-Widerſacher/ euch zuverfüh-
ren/ geſchriben ſeynd/ ſo kan ich euch diſes nicht verunbil-
lichen/ ſondern lobe eure Sorgfalt/ und wünſche/ daß die
entloffene Schäflein eine dergleichen Forcht in Annehm-
und Leſung der Schrifften gehabt hätten/ ſo wurden nicht
ſo vil mit Ketzer-Gifft beſudlete Bücher in das Gebürg/
und benachbarte Oerther kommen ſeyn/ auß welchen ſie
den Todt ihrer Seelen geſogen haben. Damit ich euch
aber/ liebſte Freund! von ſolcher Forcht entlade/ als mach
ich euch anfänglich zu wiſſen/ zu was vor einer Kirch ich
mich bekenne.

Erſter Theil.

SAge alſo, daß meine Kirch eine einige, heilige, allgemeine, Apoſtoliſche Kirch, nemlich die Römiſch-Catholiſche ſeye, auſſer welcher das Seelen-Heyl nicht
kan gefunden werden: diſer, und keiner anderen gib ich meinen Namen, verlange auch in diſer zu ſterben, und ſo es die
Noth erforderen wurde, mein Blut für ſolche gern zuvergieſ-
ſen. Damit ihr aber ſehen möget, daß ich nicht unrecht die
Römiſche Kirch eine einige, heillige, allgemeine, Apoſtoliſche
Kirch genennet habe, will ich euch diſes in Kürtze klar darthun.

§. I.

ERſtlich iſt meine Kirch ein einige/ das iſt, einhellig in der
Glaubens-Lehr; dann ob zwar unterſchidliche Pa-
triarchaten, Ertz-Bißthüm, Bißthüm ꝛc. in der gantzen Welt
gefunden werden, ſo wird doch überall dem Volck ein Glaubens-Lehr vorgetragen: man dienet GOTT mit gleichen
Geſätzen, Bräuchen, Sacramenten: es wird das Göttliche
Opfer an allen Orthen auf gleiche Weiß geopferet. Und
die

dise Einigkeit in Glauben woher kommt sie, als von der Einigkeit deß Haubts? dann gleichwie ein Reich einig ist, wann es von einem König regieret wird, auch ein Leib nicht mehrer als ein Haupt haben kan; also wird auch die Kirch Gottes einig genennet, und erhalten, weilen sie ein Haubt erkennet, von deme die übrige Glider regieret und geleitet werden. Und dises Haubt ist der Statthalter Christi, und Nachfolger Petri auf den Römischen Stuhl.

2. Freylich wohl ist nach Lehr Pauli Christus das Haubt der Kirchen, als von welchem alle Gnaden in uns Glider herfliessen: so ist aber dises nur zuverstehen, daß Er das unsichtbare Haubt seye, weilen Er von diser Welt zu seinem himmlischen Vatter ist aufgefahren; muß also nothwendig ein sichtbarliches Haubt nach sich gelassen haben, welches uns auf sichtbarlicher Weiß leiten könne. Nehmet derentwegen ein Exempel: Es kan nicht gelaugnet werden, daß GOTT ein König und HErr seye der gantzen Welt: warumben erkennen wir dann unsere aufgesetzte König und Fürsten? ist ja genug, daß wir GOTT als den höchsten Kayser erkennen? Nein, werdet ihr mir zur Antwort geben: GOTT ist zwar ein HErr deß gantzen erschaffenen Weesens: allein Er hat an seiner Statt einige bestellet, welche uns regieren, und durch ihre Gesätz, gleichwie das Haupt denen anderen Glideren, solten vorstehen. Recht also! aber mercket anbey, daß eben in der Kirchen Christi dises geschehe: Christus ist zwar das Haubt seiner Kirchen, und der höchste Priester in Ewigkeit; allein weil Er nicht persönlich bey uns wohnet, also ist vonnöthen, daß Er solchen Gewalt einem anderen anvertraue, welcher uns sichtbarlicher Weiß vorstehe, in den Glaubens-Sachen regiere, und von allem Anlauff beschütze. Und dises ist, was schon längsten durch Ezechiel prophezeyet worden: Ich will sie machen zu einem Volck, und es wird ein Hirt seyn über sie. Von disen dann kommet

ad Coloss. cap. 1.

cap. 37.

met die Einigkeit in Glaubens- und Sitten-Lehr, weilen wir nemlich unterthänig seynd einen von Christo bestellten sichtbarlichen Haubt, das ist, dem Römischen allgemeinen Bischoff, zu welchen wir fliehen, wann sich ein Strittigkeit in der Glaubens- oder Sitten-Lehr erhebet.

3. Und haben wir uns nicht zu förchten, daß eine Glaubens-Spaltung unter uns geschehen könne, so lang wir Glider disem Haubt Folg leisten werden; dann wie gar schön *Lib.4.Epist.* schreibet der heilige Martyrer Cyprianus: daß Kezereyen, *10.* und Spaltungen sich hervorgethan, ist allein Ursach, weilen man dem Priester Gottes nicht gehorsamet, noch glaubet und betrachtet, daß auf diser Welt ein Priester und Richter an statt Christi gesetzet seye. Wie wahr dise Außsag Cypriani seye, lasset sich schliessen, wann wir unsere Glaubens-Gegnere betrachten; dann woher kommt, daß sie nicht allein mit der Römisch-Catholischen Kirchen, sonderen auch unter sich selbst uneinig und zerspaltet seynd, dermassen, daß von Luther an biß auf dise Zeit mehr dann hundert Secten sich hervorgethan, deren eine die andere auf das ärgeste zu lästeren pfleget? Woher dises, spriche ich, als eben daher, weilen alle dise keinen obersten Richter erkennen, sondern ein jedwederer nach seinen Kopf ihme ein Glaubens-Lehr auffsetzet, und außspinnet? Und was kan anderes darauß werden, als ein Babylonische Verwirrung? Wir wollen aber mit *Psalm.30.* dem Königlichen Propheten auffruffen: O HErr! bewahre uns in deinen Tabernacul (in der Hütten deiner heiligen Kirchen) von der Verwirrung der Zungen.

§. II.

ANdertens ist meine Kirch ein heilige Kirch; dann bey ihr seynd heilig die Sitten, heilig die Mittel, so sie darreichet, heilig seynd die Lehren. Sie bekennet vornemlich einen GOTT in seiner Weesenheit, und disen allmächtig, ewig, un-

unermäßlich, unveränderlich: Sie bezeuget, daß Er seye unendlich gut, gerecht, und herzlich: Sie erweiset, daß Er seye also heilig, daß Er zwar unsere Laster nach seiner Göttlichen Vorsichtigkeit zulassen, aber auch die mindeste Übelthat von sich selben verüben nicht könne: Sie lehret, Er seye also weiß, daß Er auch das Innerste der Hertzen durchforsche: mit einem Wort, sie eignet GOTT alle Vollkommenheiten zu, und behaubtet, die Göttliche Weesenheit seye ein Bronnen, von welchem herflüssen alle Vollkommenheiten, so in den gantzen erschaffenen Sachen mögen gefunden werden. Dahingegen die Ketzer GOTT bald dise, bald jene Vollkommenheit gottloser Weiß ablaugnen: gleich dann Luther und Calvin Gottslästerlich beglauben wollen, GOTT seye ein Urheber und Außwürcker sowohl deß Guten als deß Bösen, mithin Ihn seiner Heiligkeit berauben. Wie heilig die Lehr meiner Kirchen in anderen Glaubens-Articklen seye, wird nachmahlen besonders erkläret werden.

2. Heilig ist meine Kirch in den Gebotten und Satzungen. Und damit ich nichts melde von denen Gebotten der Taflen, welche sie auf das genauiste beobachtet wissen will, also zwar, daß sie auch einen einzigen müssigen Wort, oder eytlen Gedancken nicht zwar die ewige, jedoch die zeitliche Straff antrohet: Was kunte wohl heiligers seyn, als ihre eigne Gebott? Ist dann nicht heilig/ gewisse Feyertäg setzen, an welcher man sich von knechtlicher Arbeit enthalte, und die Geheimnussen GOttes, unserer Erlösung, und was dergleichen mehr ist, betrachte, den Gebotten obliege, die Dancksagung GOTT abstatte? Ist dann nicht heilig/ an gedachten Fest-Tägen dem unblutigen Opfer beywohnen, umb dardurch GOTT uns zuversöhnen, selben als unseren höchsten HErrn zu loben, und verehren, wie auch umb fernere Gnaden anzuruffen, unsere Sünd und Straffen außzulöschen? Ist dann nicht heilig/ gebieten, daß der Mensch durch die

Ta=

Casteyungen und Bußwerck, benanntlich aber durch das Fasten, seinen muthwilligen Leib dem Geist unterwerffe? Ist dann nicht heilig/ gebieten, daß der Mensch sich mit GOTT versöhne durch Ablegung einer reumüthigen Beicht? daß er seine Seel speise mit den Brod der Englen, mit dem wahren Fleisch und Blut JESU Christi? Ist dann nicht heilig/ gebieten, daß man sich zu jenen Zeiten, an welchen man sich der Tugend sonderlich befleissen solle, von denen äusserlichen Lustbarkeiten enthalte? Dises aber seynd die Gebott meiner Kirchen, so ist ja meine Kirch billich heilig zu nennen in ihren Gebott und Satzungen.

3. Wann aber ein lästerlicher Ketzer besagte Gebott der Kirchen als Menschen-Gebott beschnarchen und verachten will, so antworte ihm, daß es zwar Gebott seynd, so von Menschen gesetzet seynd worden, aber von solchen Menschen, welche von dem Heiligen Geist geleitet werden nach der Verheissung Christi. Und warumb solle man die Gebott der Kirchen verachten, indeme doch ein jedwederer Unterthan seinem rechtmässigen Herrn, und dessen Gebotten zu gehorsamen schuldig ist? Kan dann ein weltlicher Herr weltliche Gesätz geben, denen wir nachkommen müssen, warumben nicht auch die Catholische Kirchen geistliche Gesätz, denen wir uns unterwerffen sollen? Freylich wohl war nicht zu allen Zeiten vonnöthen, absonderlich zu den ersteren, daß man Gesätz gebete; massen zu selbigen Zeiten die Lieb gegen GOTT, und der Eyfer Christlicher Religion in den höchsten Grad sich befande, und die neue Christen alle erdenckliche Tugends-Ubungen von selbsten wirckten: allein nach und nach nahme die Lieb, und Christliche Tugend ab; damit dann solche nicht gar erlöschete, hat die Kirch GOttes sich benöthiget befunden, dergleichen heylsame Gesätz zu geben, ihre Schäflein darbdurch in den Tugend-Weeg zu erhalten.

4. Heilig ist meine Kirch in denen Sitten-Wercken/ und

und Lebens-Wandel; dann was kunte von einer heiligen Lehr anderes hervorwachsen, als heilige Frücht deß Lebens? Sie lehret, daß sehr rathsam seye die zeitliche Güter verachten, verlassen, damit das Gemüth von denen Sorgen frey, desto leichter sich erschwingen könne zu den Göttlich- und übernatürlichen Güteren: Sie lehret, daß sehr heylsam seye die fleischliche Wollust durch das Band der ewigen Keuschheit gefangen halten, damit wir denen Englen, wo nicht vorgehen, jedoch gleich werden: Sie lehret, daß sehr gut seye seinen eignen Willen dem Willen der Oberen zu unterwerffen, weilen der Mensch besser durch andere, als durch sich selbst erkennet und geleitet wird: Auß solchen Lehren, sage ich noch einmal, was kunte wohl vor ein anderes Leben erfolgen, als ein reines, unschuldiges, heiliges Leben? Wie es dann in der Warheit erfolget ist, und annoch erfolget. Durchlese man nur die Marter-Bücher, wie vil tausend heilige Blut-Zeugen wird man antreffen, welche ihr Leben gantz willig für Christo, und seine Kirch haben aufgesetzet? Durchgehe man die Leben der Heiligen, wie vil heilige Bischöff, Beichtiger, Büsser, Jungfrauen, Wittfrauen wird man alldorten ersehen, welche alle GOTT in der Keuschheit, Liebe und Forcht biß an ihr End gedienet haben? Wann aber ein Ketzer sagen solte, alle dise Heilige seynd ihrer Lehr zugethan gewesen, ist solches so unverschamt, als Gottslästerlich; allermassen sie entwederst gar keine: oder keine ordentlich geweyhte Bischöff haben. Will nichts sagen von den Jungfrauen; weilen sie auf die Jungfrauschafft nichts halten, indem sie das Gelübd der Keuschheit mehr dann die Jüdische Ceremonien verwerffen. Und wie solten sie auch nur einen Heiligen aufbringen mögen, wann man ihre Lehr betrachtet, und reiffer erweget? Sie lehren ja, daß keiner, auch der Gerechtiste, die Gebott GOttes erfüllen könne? Sie halten ja darvor, daß der Mensch, er möge Gutes oder Böses thun, all-

B

zeit

zeit sündige? Sie glauben ja, daß die Evangelische Räth, die Buß-Werck lauter närrische aberglaubische Dienst, und Mißbräuch seynd? Sie sagen ja, es müsse ein jedwederer glauben, er seye mit allen Lasteren behafftet? Und wie solte es seyn können, daß, vermög diser Lehr, einer heilig wäre, weilen ja keiner heilig seyn kan, der nicht von allen Sünd und Macklen rein ist?

5. Allda möcht mir einer vorwerffen, und sagen: es seyen auch in der Römisch-Catholischen Kirchen vil anzutreffen, so böse Sitten erzeigen, und ein ärgerliches Leben führen. Disem antworte ich, daß freylich vil dergleichen boßhaffte Catholische Christen zu finden seyen, allein ihre böse Sitten und Wandel kommet nicht her auß der Lehr selbsten, wie es doch bey unseren Glaubens-Gegneren zugeschehen pfleget; mithin bleibt die Lehr der Kirchen heilig, und werden vil Heilige gefunden, welche deroselben Lehr und Satzungen nachleben. Zudeme benimmet der Heiligkeit meiner Kirchen nichts, daß vil Catholische Christen unehrbarlich leben, nehmet derohalben ein Gleichnuß: Ein Baum, ob er schon etwelche außgedorrt- und verwelckte Aest hat, wird dannoch lebendig genennet: Ein Land wird doch streitbar genennet, obschon darinnen vil Forchtsam- und Unstreitbare gefunden werden rc. also wird auch die Kirchen GOttes heilig genennet, weilen sie vil Heilige zehlet vermög ihrer heiligen Lehr, obschon auch vil darinnen sich befinden eines strafflichen Wandels. Und was könte wohl heiligers seyn, als das Collegium, oder Versammlung der Aposteln? und dannoch war ein Judas darunter.

6. Endlich ist meine Kirch heilig in denen Mitteln, so sie ihren Glaubigen darbietet; dann vermög der heiligen Sacramenten, welche sie von Christo als ein hinterlassenes Erbtheil empfangen, gibt sie denen Kleinen das Leben: denen Erwachsenen die Kräfften: denen Kräfftigen die Speiß: denen

nen Krancken die Medicin: denen Sterbenden eine Abkühl- und Linderung: Sie gibt denen Schäflein Hirten, und heylet die Wunden der Begierlichkeit. O was grosse Werck-Zeug und Mittel hat die Kirch, damit sie ihre Kinder zur Heiligkeit bringe. Lasset uns in Kürtze vernehmen, was die heilige Vätter von denen heiligen Sacramenten halten. Von dem heiligen Tauff schreibet der heilige Vatter Augustinus *Tract. 11. in* also: Zwey Geburten seynd/ eine von der Erden/ die an- *Joan.* dere von dem Himmel: eine von dem Fleisch/ die andere von dem Geist: eine von der Sterblichkeit/ die andere von der Unsterblichkeit: eine von Weib und Mann/ die andere von GOtt/ und der Kirchen: jene macht Kinder deß Fleisches/ dise deß Geists: jene bringet Kinder deß Todts/ dise der Auferstehung: jene führet in die Welt/ dise zu GOtt ic. Von der heiligen Firmung redet der heilige Melchiades, so *In Epist. ad* umb das Jahr Christi 311. gelebet, also: In den Tauff *Episcop. Hi-* wird der Mensch als ein Soldat Christi an- und aufge- *span.* nommen/ in der Firmung aber wird er bekräfftiget zu den Streit: In den Tauff-Bronnen gibt der Heilige Geist die Völle zu der Unschuld/ in der Firmung aber gibt Er die Vollkommenheit zu der Gnad: In der Tauff werden wir wider gebohren zu den Leben/ nach den Tauff werden wir zu den Streit gestärcket ic. Von dem heiligen Sacrament deß Altars seynd gantze Bücher angefüllet, welche doch nicht genug seynd, dises allerheiligiste Geheimnuß zu loben. Kurtz aber darvon zu melden, wird es von Ruperto genennet, das Opfer deß Heyls: Von Dionysio, das Göttliche Opfer: Von Origene, das Seelen-ernährende Wort: Von Athanasio, das Brod der Seeligkeit: Von Chrysologo, die Speiß-Kammer deß ewigen Lebens: Von Hieronymo, das Neueste aller Neuheiten: Von Damasceno, eine Werckstatt aller Wunderwerken. Das heilige Sacrament der Buß wird vom heiligen Hieronymo genennet *In cap. 3.*
ein *Isaiæ.*

ein glückliches Brett/ oder Tafel nach außgestandenen Schiffbruch. O was Trost ist es einem Schiffbruch-leydenden Menschen, wann er ein Trunm, oder Brett erwischet, darauf er zu dem Port gelangen kan! Ein solche Tafel dann ist die heilige Buß und Beicht/ sagt der heilige Hieronymus, auf welche wir unser gantzes Vertrauen setzen sollen, da wir durch unsere eigene Sünden gescheiteret, und Schiff-Bruch der Seelen gelitten haben. Das heilige Sacrament der letzten Oelung betreffend, redet mein heili-

Serm. 215. de temp. ger Vatter Augustinus also: Wann euch eine Kranckheit anstosset/ verziehet nicht/ sondern nehmet das Fleisch und Blut Christi/ darauf salbet euren Leib/ damit das jenige erfüllet werde/ was geschriben stehet: Ist einer franck, beruffe er die Priester der Kirchen, dise sollen über ihn betten, und in dem Namen deß HErrn mit dem Oel salben ꝛc. Sehet/ liebste Brüder (fahret Augustinus weiter fort) daß der jenige/ so da in der Kranckheit zu der Kirchen sein Zuflucht nimmet/ die Gesundheit deß Leibs/ und Verzeyhung der Sünden zu erlangen verdiene. Was vor ein grosser Nutzen der Catholischen Kirchen durch das heilige Sacrament der Priester-Weyhe zukomme, lasset sich leicht schliessen auß dem, wie hoch die Priester seynd geschätzet worden.

Lib. 2. de vita contemplat. cap. 3. in Malach. cap. 2. Der heilige Prosper Aquit. nennet sie Portner/ denen die Schlüssel deß Himmels seynd gegeben worden. Nach Außsag deß heiligen Hieronymi, wird der Priester GOttes eigentlich ein Engel/ das ist, ein Gesandter genennet/ weil er ist ein Mittler zwischen GOTT/ und dem Menschen/ und dem Volck die Göttliche Warheit verkündet. Wie

ad Ephes. 5. heilig endlich das Ehe-Band seye, gibt der Apostel selbsten Zeugenschafft: Dises ist ein grosses Sacrament, oder Geheimnuß/ dann es bedeutet Christum/ und seine Kirchen.

1. Corint. 7. Darumben er die in der Ehe erzeigte Kinder rein und heilig nennet. Und mein heiliger Vatter Augustin lobet auch die
Hei-

Heiligkeit deß Ehe-Stands mit folgenden Worten: Jn dem *Lib. de bo-*
Ehe-Stand ist vilmehr gelegen an der Heiligkeit deß Sa- *no conjugii.*
craments/ als an Fruchtbarkeit deß Leibs. Dises nun seynd *cap. 18.*
die Haubt-Mittel und Werck-Zeug, womit die Christliche
Kirch ihren Rechtglaubigen die Heiligkeit einflösset. Und
weilen dise sehr heilig seynd, so folget, daß die Kirch auch heilig seyn müsse.

7. Und wer solte wohl an der Heiligkeit der Römischen
Kirchen zweiflen, indeme doch solche durch so vil tausend Mirackel und Wunder-Wercken zu Genügen bekräfftiget ist?
Daß aber unsere Glaubens-Gegner nichts auf die Wunder-Werck halten, ist ein klares Zeichen ihrer verstockt- und verblendten Gemütheren, gleich auch die Juden ihre Hartnäckigkeit genugsam an Tag gegeben, da sie denen Wunder-Wercken Christi nicht geglaubet haben. Sagen sie aber, das
Miracul-würcken seye schon bey denen Aposteln, und der alten Kirchen erfüllet worden, mithin seye nicht mehr vonnöthen, solche zuzulassen, ist solches nur ein leeres Geschwätz
der jenigen, deren Kirch, weil sie keine heilige wahre Kirch ist,
mit diser Wunder-würckenden Gnad niemahlen ist beherrlichet worden. Dann wo stehts geschrieben, daß Christus der
HErr nur seiner ersten Kirchen die Gnad Wunder zu würcken
versprochen habe? Zudeme, muß dann nicht auch bey diser
Zeit das Evangelium denen Heyden geprediget werden? warum solle dann dise Gnad der Kirchen anjetzo entzohen werden, durch welche doch die Heydenschafft auß ihrer Finsternuß zu dem wahren Liecht meistentheils gezohen wird? Nein,
nein, liebste Freund, gleichwie der Leib der wahren Kirchen
niemahls wird vertilget werden, also werden auch die Würckungen (unter welche der Apostel auch die Miracul und Wun- *1. Cor. 12.*
der-Zeichen zehlet) der wahren Kirch nicht außbleiben, sondern biß zu n End der Welt, auch wider den Antichrist selbsten,
geschehen, wie Johannes bezeuget. *Apocal. 1*

§. III.

§. III.

1. **D**Rittens ist meine Kirch eine allgemeine/ oder Catholische Kirch. Daß ihr diſes recht verſtehen möget, muß ich allda auß meinem heiligen Vatter Auguſtino anmercken, was erfordert werde, daß ein Kirch Catholiſch genennet werde. Wird alſo erſtens erforderet, daß die Kirch nach ihren Anfang, ſo ſie von Chriſto genommen, allzeit biß zum End der Welt verbleibe; dann alſo ſpricht Chriſtus ſelbſten bey Matthæo: *Diſes Evangelium wird geprediget werden in der gantzen Welt/ und alsdann wird kommen das End.* Andertens wird erforderet, daß ſich die Catholiſche Kirch in der gantzen Welt auf alle Nation und Völcker nach und nach außbreite, wie auß angezogenem Text klar zu ſehen iſt. Wann ich dann ſage, daß die Römiſche Kirch eine allgemeine/ oder Catholiſche Kirch ſeye, iſt es ſovil geredt, ſie habe zu allen Zeiten, und an allen Orthen gleichwie ein Sonn mit dem Schein der Göttlichen Lehr geleuchtet. Und zwar erſtlich hat die Römiſche Kirch zu allen Zeiten ihren Glantz von ſich gegeben; weilen keine Zeit kan gezeiget werden, zu welcher ihre Lehr, ihre Hirten und Biſchöff nicht geweſen ſeynd. Ja es kan erwiſen werden, welche Vorſteher zu jedwederem Welt-Gang von Apoſtlen her gelebet, und die Lehr der Römiſchen Kirchen gehalten haben. Und diſes iſt der Unterſchid zwiſchen der Römiſchen Kirchen, und anderen Ketzeriſchen Verſammlungen. Dann die Ketzereyen wann ſie in einem Sæculo, oder Welt-Gang angefangen haben, ſeynd in dem anderten, oder dritten widerumb zu Grund gangen, oder beſſer zu reden, widerumb in die Höll, worauß ſie kommen, verſtoſſen worden, ſo ohne Zweiffel auch den jetztmahligen Ketzeriſchen Irrwiſchen begegnen wird. Dannenhero mein heiliger Vatter Auguſtin ſolche Ketzer-Getümmel billich vergleichet denen Bächen, welche zwar auf ein Zeit mit vilem Gewäſſer von zerſchmöltz-

schmölzten Schnee daher rauschen, aber bald darauf außtrocknen; Dahingegen die Römische Kirch gleich ist einem grossen Fluß, so einen lebendigen Ursprung hat, und niemahlen aufhöret zu fliessen. Dann es kan, wie ich schon gesagt, kein Zeit von Aposlten an gezeiget werden, zu welcher nicht allzeit die jetztmahlige Lehr der Römischen Kirchen ist gehalten worden, wie auß denen heiligen Vätteren von den unserigen zum Genügen erwisen wird. Ist also dißfalls meine Kirch ein allgemeine Catholische Kirch.

2. Andertens ist meine Kirch in der gantzen Welt, in so weit sie entdecket ist, außgebreitet; dann es ist kein so barbarisches Volck, bey welchen dessen Stimm und Lehr nicht erschallet hat: nemlich die Römische Bischöff seynd für das Heyl der Welt also sorgfältig, senden die Apostolische Männer zu allen Zeiten auß, damit denen Japoneseren, Sineseren, Indianeren, Persieren, Brasilianeren, mit einem Wort, denen von uns weit entlegnisten Länderen der Christliche Glauben beygebracht werde. Die geistliche Arbeiter sparren keine Mühe, fliehen keine Arbeit, setzen in gröster Müheseeligkeit ihr Leben auf. Wie sie dann eben zur selben Zeit, da Luther einen grossen Theil deß Teutschlands mit seiner Irr=Lehr dem Schaaf=Stall Christi entzohen, das grosse Peruanische Reich mit unermüdten Fleiß dem Joch Christi, und seiner Kirchen unterworffen, daß also unwidersprechlich der Schaden der Kirchen GOttes in einem anderen Theil ist ersetzet worden, was ihr Luther in dem teutschen Reich diebischer Weiß abgenommen hat. Herentgegen die Ketzerische Wort=Diener gehen nicht hin allen Völckeren zu predigen, sondern suchen nur, wie sie die Christen mit ihrer leichten, dem Fleisch schmeichlenden Lehr auf ihre Seiten bringen können. Höret, was der uralte Tertullianus von denen Ketzeren seiner Zeit schreibet: *Lib. de præ= script.* Die Ketzer bemühen sich nicht die Heyden zubekehren/ sondern die Christen zuverkehren/ sie schätzen es ihnen für ein
grös=

gröſſere Ehr/ wann ſie die jenige niderwerffen/ die ſchon ſtehen/ als wann ſie aufhebten die/ ſo ligen: Die Apoſtel haben auß Todten Lebendige gemacht/ ſie aber machen auß Lebendigen Todte. Was Tertullianus geſchriben, kan ich billich von denen Ketzeren unſerer Zeiten ſagen; dann wohin ſeynd ſie gereiſt, daß ſie ihren Glauben predigten? Lutherus hat mit ſeiner Lehr ein guten Theil Teutſchland, Dännemarckt und Schweden beſudlet: Calvinus hat Franckreich, (worauß ſeine Nachkömmlingen nicht unlängſt ſeynd vertriben worden) und Holland mit der Ketzeriſchen Seuch angeſtecket: dem Zwinglio gehorſamen die Schweitzer, Engelland ernähret unterſchiblicher Ketzereyen ꝛc. aber alle diſe Völcker und Königreiche waren zuvor der Römiſch-Catholiſchen Kirchen zugethan; haben alſo diſe Ketzer-Meiſter nichts anders gethan, als die zuvor Catholiſche Chriſten von dem rechten Glauben ab-und der Mutter-Schooß entzohen. Wo bleibet aber die Bekehrung der Heyden? wie erfüllen ſie das Gebott Chriſti, ſo Er uns gegeben, ſagende: Gehet hin in alle Welt/ und prediget das Evangelium allen Geſchöpfen? Ich glaube halt, die gute Prædicanten werden Weib und Kind nicht wohl verlaſſen können, damit ſie einem ſo heiligen Werck obligten. Aber das laß ich mir Apoſtoliſche Männer ſeyn! Ich beſchlieſſe diſen Abſatz mit den Worten deß heiligen Vatters Auguſtin: Nicht überall/ wo die Römiſch-Catholiſche Religion iſt/ findet man Ketzereyen/ aber die Catholiſche Religion iſt aller Orthen/ obſchon auch alldorten Ketzereyen ſeynd. Höret die Warheit: in Hiſpanien, in Franckreich, in Portugall, in gantz Wälſchland iſt weder Lutheri, Calvini, Zwinglii, noch deß Huß falſcher Glaub, ſonderen alldorten iſt die Römiſch-Catholiſche Glaubens-Lehr, aber in anderen Orthen, wo diſe Ketzereyen eingeniſtet, befinden ſich auch gute Catholiſche Chriſten; Bleibt alſo, daß die Römiſche Kirch ſeye ein allgemeine und Catholiſche Kirch.

§. IV.

§. IV.

1. **V**Jerdtens ist meine Kirch ein Apostolische Kirch. Es wird aber wegen drey Ursachen eine Kirch Apostolisch genennet: Erstlichen, weilen sie gepflantzet ist worden von denen Aposteln, dahero sagt Paulus, daß sie erbauet seye auf den Grund der Aposteln / da Christus JESUS selbst der Eckstein ist. Andertens, weilen sie behaltet die Lehr, welche anfänglich von denen Aposteln ist geprediget worden. Drittens, weilen die Kirchen-Diener eintwederes mittl- oder unmittlbar von denen Aposteln gesandt werden: Wann nun kan erwisen werden, daß die Kirchen-Diener sich selbsten eingedrungen haben, und nicht von denen Vorfahreren seynd gesandt worden, so ligt es klar an Tag, daß deroselben Kirchen kein Apostolische, sondern ein After-Kirchen seye. Anjetzo lasset uns sehen, ob meine Römische Kirchen diser Ursachen halber nicht billich Apostolisch seye. *Ephes. 2.*

2. Erstens zwar, daß sie gleich von Anfang von denen Apostel-Fürsten Petro und Paulo seye gepflantzet und gegründet worden, wer will, oder kan zweiflen? hat dann nit Petrus zu Rom seinen Bischöffl. Sitz aufgeschlagen, auch selben unter Nerone mit seinem Marter-Blut befeuchtiget und bevestiget? Wer dises laugnen wolte, der wurde von allen heiligen Vätteren, und Geschicht-Schreiberen den Fluch darvon tragen: ja er wurde weit unsinniger seyn, als wann einer widersprechete, daß Martin Luther einsmal zu Wittenberg gelebet habe. Solten aber einige seyn, welche dise offenbare, und durch fünffzehenhundert Jahr niemahlen gezweiflete Warheit unter die Banck laugneten, solche rede ich mit den kurtzen Worten deß heiligen Vatters Augustin also an: Saget mir her ihr Halßstärrige / was hat euch die Römische Kirch gethan / in welcher erstens Petrus gesessen / und in welcher jetzt Anastasius (ich sage Clemens XII.) sitzet? Neben den *Ser. 2. c. 51. contra litteras Petillani.*

C hei-

heiligen Petrum hat auch der Welt-Apostel Paulus die Römische Kirch gegründet/ gleich er dann ein eigne Epistel zu den Römeren hat ergehen lassen/ in welcher er unter anderen auch folgende Zeilen hat einflüssen lassen: **GOTT ist mein Zeug/ daß ich ohne Unterlaß an euch gedencke/ und allzeit in meinem Gebett bitte/ ob ich endlich dermahleinst eine glückliche Reiß haben möchte/ nach dem Willen GOttes zu euch zu kommen/ dann ich hab Verlangen euch zu sehen/ auf daß ich euch etwas von geistlichen Gaaben mittheilen möge/ euch zu stärcken. Das ist/ daß ich möcht zugleich in euch getröstet werden durch euren und meinen Glauben/ den wir untereinander haben.** Sehet, wie Paulus so sorgfältig die Kirch zu Rom habe erbauen helffen. So ist dann die Römische Kirch erbauet auf das Fundament und Grund der Aposteln, so ist sie ja billich Apostolisch zu nennen.

Ad Rom. cap. 1.

3. Dise unwidersprechliche Warheit erkennen auch unsere Glaubens-Gegnere selbsten; darumben sagen sie, daß die Römische Kirch anfänglich, und zwar biß vier-oder, wie andere sagen, fünffhundert Jahr lang die rechte Apostolische Kirch gewesen seye, nachmahls aber habe sie die Apostolische Lehr verlassen, und unterschidliche Fehler und Irrthumen zu glauben angefangen. Allein dises ist ein leere, nichtsnutze, falsche Außflucht der Ketzer, ja ein grosse GOttsläsierung; dann wie kunte Christus mehrer gelästeret werden, als wann man Ihn bezüchtiget einer Unwarheit? nun aber hat Christus versprochen, **Er wolle bey seinen Aposteln seyn biß zum End der Welt.** Item bey Johanne lasset Er sich vermelden: **Ich will den Vatter bitten/ Er soll euch einen anderen Tröster geben/ daß Er bey euch ewig bleibe/ nemlich den Geist der Warheit.** Und noch näher zum Zweck zu kommen: Christus der HErr hat außtrucklich zu Petrum, als den zukünfftigen Römischen Bischoff, gesprochen: **Simon Simon/ sihe der Sathan hat euer begehret/ daß er euch wanne/ oder rei-**

*Matth. 28.
Joan. 14.*

reitere wie den Waitzen/ ich aber hab für dich gebetten/ daß dein Glaub nicht abnehme. Wann nun seine Kirch nach 4. oder 500. Jahr gefehlet hätte, und in Jrrthum gefallen wäre, so wäre ja die Verheissung Christi, so Er seiner Kirchen gegeben, nicht wahr, mithin hätte Christus seine Kirch betrogen, welches eine greuliche GOttsläfterungs-Red wäre. Sofern aber Christus mit dem Geist der Warheit allzeit bey seiner Kirchen verbleibet, so ist es ja unmöglich, daß selbe fehlen und irren könne. Ist also eine grosse (f. v.) Lug, daß die rechte wahre Catholische Kirch nach vier- oder fünffhundert Jahren irrig zu glauben angefangen habe. Zudeme, wann die Kirch an bemeldten Sæculis gefehlet hätte, wäre es wohl möglich zu glauben, daß alle Vätter, Bischöff, und Prælaten, deren sovil tausend in der gantzen Christenheit gefunden wurden, solche Fehler nicht vermercket, und verbesseret hätten? Wir wissen alle, daß wann ein Ketzerey sich hervorgethan auch nur in einen Glaubens-Puncten, sich gleich alle Catholische Lehrer solchem Jrrthum widersetzet haben. Ja zum Exempel, wann anjetzto der Pabst solte die Beschneydung einführen wollen, wurde sich nicht gleich die Christliche Welt versammlen, und disen der Apostolischen Lehr zuwiderlauffenden Gebrauch abthun? Wer aber auß denen heiligen Vätteren, wer auß denen Geschicht-Schreiberen hat einsmals vor Luthers Zeiten geschriben, die Römische Kirch seye von dem wahren Glauben abgefallen? Weiters, solte wohl möglich zu glauben seyn, daß die rechte Catholische Lehr von dem vierdten oder fünfften Sæculo an biß auf das fünffzehende niemal offentlich seye geprediget worden? wer solte ihm dises können lassen einfallen? Uber das wann die wahre Kirch GOttes fehlen kunte, so wären wir nicht vergwißt, ob noch ein wahre Kirch Gottes auf der Welt wäre; dann meinethalben magst du die Lutherisch- oder Calvinische Kirch die wahre Kirch nennen, wann sie fehlen kan, so bist du nicht vergwißt, daß sie

nicht

nicht schon gefehlet habe, mithin die wahre Kirch nicht mehr seye. Bleibt also augenscheinlich wahr, daß die Römische Kirch nicht habe fehlen können, sondern wie sie auf das Fundament der Apostlen erbauet, also jederzeit eine wahre Beschützerin und Erhalterin der Apostolischen Lehr seye, derowegen sie dann auch billich auß diser anderten Ursach Apostolisch muß genennet werden.

4. So ist aber meine Kirch auch Apostolisch/ weilen sie zeigen kan, daß ihre geistliche Diener warhafftig von denen Apostlen, das Evangelium zuverkünden, gesandt seynd. Nicht zwar, als wären von der ersten Kirchen an biß auf dise Zeit alle Bischöff und Priester von denen heiligen Aposteln selbsten geordnet worden, sondern die Priester werden geordnet von denen Bischöffen, die Bischöff von anderen Bischöffen, dise widerumb von anderen, und alsofort biß auf die Apostel, welche den Gewalt von Christo selbsten empfangen haben, und geschickt worden seynd. Dises ist also die rechte Apostolische Kirch, weilen sie eben den Gewalt und Ambt hat, welches Christus dem Apostolischen Collegio gegeben. Derowegen *Ad Ephes. 4.* seynd annoch nach Lehr deß Apostels in der Kirchen Apostel/ Propheten/ Evangelisten/ Lehrer/ Hirten/ weilen solche Christus gesetzt hat zu Vollziehung der Heiligen/ zum Werck deß Diensts/ und zu Erbauung deß Leibs Christi. Das ist, damit durch selbige die Zahl der Heiligen erfüllet werde, damit der Dienst, oder die Außtheilung der Sacramenten unaufhörlich geschehe, und der Leib Christi, verstehe die Kirch, ununterbrechlich auferbauet werde. Weilen dann die Zahl der Heiligen annoch nicht vollständig ist, noch der Dienst aufhöret, noch der Bau der Kirchen vollendet, also hat noch nicht aufgehört das Apostolische Ambt, obschon die Apostel gestorben seynd, sondern der Apostolische Gewalt zu predigen, lehren, und weyden bleibt annoch bey der Kirchen so lang, biß wir alle einander entgegen kommen in Einigkeit deß Glaubens/

bens/ und der Erkanntnuß deß Sohns GOttes/ wie der Apostel weiter lehret. Flüsset also von denen Apostlen her in uns der Bischöffliche, Priesterliche, und Hirten-Gewalt, es bleibet die ununterbrochene Nachfolg der Kirchen-Prælaten, und Vorsteher; derowegen billich die Kirch Apostolisch muß genennet werden. Welches die Glaubens-Gegnere von ihrer Affter-Kirch desto minder sagen können, je weniger sie die Apostolische Nachfolg erweisen mögen. Machen sie uns auch einen einzigen Lehrer nahmhafft, welcher vor Luthers Zeiten also gelehret hätte, wie zu dato die Lutheraner lehren. Noch minder werden sie uns zeigen können die Nachfolg der Bischöff biß auf die heilige Apostel, da doch dises klar zeiget die Römische Kirch, welche vom heiligen Petro angefangen, biß auf jetzt regierenden Pabst Clemens den Zwölfften, zweyhundert siben und vierzig aufeinander kommende Bischöff zehlet. Dise geistliche Gesandtschafft und Nachfolg haben die alte heilige Vätter denen Ketzeren allzeit unter die Nasen geriben, und dardurch gezeiget, daß die Römische Kirch die wahre unverfälschte Apostolische Kirch seye; dahero dann auch der heilige Vatter Augustin unter anderen Ursachen, welche ihn bey der Römischen Kirchen erhalten, dise gibt: *Es erhaltet mich in der Kirchen von dem Stuhl Petri deß Apostels/ deme der HErr seine Schäflein zu weyden anbefohlen/ biß auf gegenwärtigen Bischoff die Priesterliche Nachfolg.*

5. Wolte GOTT! es thäten dise Beweg-Ursachen die Ketzer mit reiffem Gemüth überlegen, so wurden sie nicht also halßstärrig der Warheit widerstreben, sondern sich demüthig derjenigen Kirchen unterwerffen, welche ist ein Kirchen aller Kirchen, von welcher die unfehlbare Lehr in alle andere Kirchen-Gemeinden zu flüssen pfleget, dessen Glauben, nach Zeugnuß deß Apostels, in der gantzen Welt verkündiget wird: *Ad Rom. 1.* Jene Kirchen wurden sie mit beyden Armben umbfangen, von welcher der heilige Vatter Augustin saget: *daß sie/ da die* *Epist. 162.* an-

andere Kirchen von anderen Aposteln aufgerichtet (als da seynd die Constantinopolitanische, die Antiochenische, die Alexandrinische, die Hierosolymitanische) seynd zu Grund gangen/ und von dem Glauben abgefallen/ sie/ sprich ich/ allein durch die Gnad deß Allmächtigen GOttes von den Fußstapffen der Apostolischen Lehr keinen Nagel breit gewichen sey/ noch von den Ketzerthumen jemahls habe können übergwältiget werden: Jene Kirchen wurden sie fleissigist anhören, welche unter denen Verfolgungen nur destomehr gewachsen, dessen Bischöfflicher Sitz desto fester ist gesteiffet worden, obschon innerhalb 250. Jahren 24. Römische Bischöff von denen unchristlichen Kayseren seynd getödtet worden.

Anderter Theil.

JEtzt habt ihr, liebste Freund, verstanden, in was vor einer Kirch ich lebe, und mit der Gnad GOttes zu sterben verhoffe. So wisset aber anbey, daß ich auß Grund meines Hertzens forderist verlange, daß alle Menschen in disem Fall mit mir eines wären, und sich als gehorsame Kinder der Römischen Kirchen erzeigten; Darumben ich dise geringe Zeilen an euch ergehen lassen, daß ich euch erstlich durch Ermahnung, andertens durch Tröstung in den wahren Glauben bekräfftige. So ermahne ich euch dann mit den kurtzen, jedoch sehr nachdencklichen Worten Christi bey Matthæo: *Hütet euch von denen falschen Propheten/ welche zu euch kommen in Schaaf-Kleyderen/ innenher aber reissende Wölff seyn.* Wer dise falsche Propheten seynd, kan ihm ein jedweederer leicht einbilden, es seynd nemlich die Ketzer, welche unter dem Schein deß reinen Wort GOttes, die Menschen zubethören, und in die Gruben der Ketzerey zuführen, auf alle Weiß trachten. Liebste Freund! erweget ein

Cap. 7.

we-

wenig mit mir die Ketzer in ihren Schaafs=Kleyderen. Erſt=
lich geben ſie vor, ſie ſeyen von GOTT geſchickt, und abge=
ordnet, daß ſie die Römiſche Kirch reformiren, oder verbeſ=
ſeren ſollen, dann ſie ſagen (wie wir ſchon oben gehört) daß
in beſagte Kirch vil Aberglauben und Mißbräuch nach und
nach eingeſchlichen ſeynd. Andertens rühmen ſie ſich, daß
bey ihnen allein das wahre Wort, und Evangelium gepredi=
get werde, ja ſie verdecken ihre ärgerliche Lehr mit hundert
Sprüchen auß Göttlich heiliger Schrifft, ſo ſie auf böſe Art
meiſterlich wiſſen außzulegen. Drittens ſagen ſie, ihr völ=
liges Vertrauen und Hoffnung ſtehe auf Chriſtum den Welt=
Heyland, darumb ſingen und ſchreyen ſie ſtäts: Meinen
Chriſtum laß ich nit ꝛc. Sehet da, wie ſich die Ketzer mit
der Schaaf-Woll ſo gleißneriſch als GOttsläſterlich zuver=
bergen wiſſen, damit ihre Schalckhafftigkeit von den gemei=
nen Mann nicht möge erſehen werden. Aber ich kan in diſen
Fall denen Ketzeren eben das jenige zuruffen, was einſtens der
heilige Benedictus zu Jenen geſagt, welcher, damit er Benedi-
ctum betrügete, ſich mit den Kleyderen deß Königs Totila
angethan, nemlich: **Lege ab/ was du angelegt haſt/ dann
es gehört dir nicht zu;** alſo ſag ich auch zu diſen falſchen Pro=
pheten: **Leget ab die Schaafs=Kleyder/ mit denen ihr euch
bedecket/ dann ſie gehören nicht euch zu.**

§. I.

1. MAſſen erſtlich falſch iſt, daß die Römiſche Kirch mit ei=
nigen Aberglauben, oder Mißbrauch nach und nach
ſeye beflecket worden, wie ich ſchon oben erwiſen hab, anjetzo
aber kürtzlich alſo beſtättige: Wann die wahre Kirch Chriſti
fehlen und irren kunte, wer wolte und ſolte ihr glauben, oder
ſich auf ungewiſſe Glaubens=Lehr verlaſſen, oder ihr ſeiner
Seelen ewige Seeligkeit anvertrauen? Zudem hat Chriſtus
auß=

außtrucklich befohlen, man solle den Ungehorsamen bey der Kirchen verklagen: Sags der Kirchen/ der aber dise nicht höret/ den halte für einen Heyden und Publican. Was wäre aber dises vor ein unbilliches Gebott, wann uns die Kirchen in Glauben, und der ewigen Seeligkeit betreffenden Sachen in Fehler und Irrthum, folgends in die Verdammnuß führen kunte? Bleibt also falsch und lugenhafft, daß die Römische Kirch (welche doch von den Ketzeren selbsten die erste vier- oder fünffhundert Jahr die wahre Kirch beglaubt wird) nach und nach in schändliche Aberglauben gefallen seye, mithin ist auch falsch, daß sie von GOTT, solche zuverbesseren, geschicket seynd.

Matth. 18.

2. Aber wir wollen ihnen dises (so unmöglich ist) auch zugeben, die Kirch habe nach und nach gefehlet/ wie erweisen uns die Glaubens-Gegnere, daß sie von GOTT gesandt seynd, die Kirchen zu erneueren? dann es kunte ein jedwederer vorgeben, er seye von GOTT geschickt, damit er unter disen Vorwand das Gifft der Ketzerischen Lehr außsprengen kunte. Nun so zeigen sie uns, ob ihre Gesandtschafft von GOTT her seye. Da GOTT den Moysen geschickt, sein Volck auß der Dienstbarkeit Pharaonis zu erledigen, hat Er umb diser Gesandtschafft willen ihne außgstaffirt mit dem Wunder-würckenden Stab, wie Exodi 4. nach der Länge zu lesen ist. Daß Johannes von GOTT als ein Vorlauffer und Bott Christi seye verordnet worden, gibt ihme der Welt-Heyland selbsten Zeugnuß: Sihe/ ich schicke meinen Engel vor deinem Angesicht/ welcher deinen Weeg vor dir bereiten wird. Ja von denjenigen, welche von Christo selbst seynd gesendet worden, bekennet das Evangelium, daß, da sie außzogen, und allenthalben predigten, der HERR mit ihnen würckte/ und das Wort mit darauf folgenden Wunder-Wercken bekräfftigte. Können uns aber unsere Glaubens-Widrige auch dergleichen aufweisen? haben sie villeicht ihre

Math. 21.

Marci 16.

Ge-

Gesandtschafft mit einem Wunder-Werck bestättiget? oder hat etwann GOtt dises sonderbarlich geoffenbaret? wann? wem? wo?

3. Sagen sie, es seye Wunder genug, daß gleich von Anfang so vil tausend der Lutherischen Lehr angehangen seynd, so sag ich mit Thoma Moro, weyland Engelländischen Cantzler, und Christlichen Blut-Zeugen, daß dises ein so grosses Wunder seye, als wann ein Stein von der Höhe in die Tieffe fallete. Dann was Wunder soll es seyn, ein Volck, welches ohnedem dem Fleisch und Lasteren ergeben ist, mit einer fleischlich- und leichten Lehr an sich ziehen? Soll es ein Wunder seyn, das schwürige, und denen Obrigkeiten aufsätzige Volck zu gewinnen, da man ihm nur die Freyheit prediget? O! hätte Luther mit seiner Lehr das Volck zur Buß und Besserung ihres Lebens ermahnet, hätte er ihnen die Keuschheit eingebunden, hätte er ihnen den Gehorsam gegen ihren Oberen, und was andere Tugend-Werck seyn, anbefohlen, wie vil vermeynen wir, wurde er Zuhörer, und Nachfolger seiner Lehr gehabt haben? Gewißlich gar wenig, aber dises wohl, die meisten wurden ihm gesagt haben: medice cura te ipsum, Doctor Luther nimm dich selbst bey der Nasen, übe du zuvor die Christliche Tugend-Werck, ehe und bevor du uns darzu anführest. Weilen dann unsere Widersacher mit keinen bewehrten Zeichen können auffkommen, so ist ihr Vorwand falsch, daß sie von GOTT die Kirch zuverbesseren seynd gesandt worden.

4. Uber das, wer solte ihm vernünfftiger Weiß können einfallen lassen, daß GOtt zu einen so hochwichtigen Werck, als da ist die Reformir- und Verbesserung seiner geliebtisten Kirchen, solche Leuth außerkisen, und erwählet hätte, bey welchen kein einzige heroische Tugend anzutreffen ware? Wir wissen, wann etwann ein heiliger Ordens-Stand von dem Eyfer, und gesetzten Reglen abgewichen, hat GOTT durch

D seine

seine Vorsichtigkeit zur Verbesserung solcher geistlichen Versammlungen, verschidene Männer außerkohren, welche die Einigkeit, Liebe, Mäßigkeit, den Gehorsam, und andere Clösterliche Ubungen von neuem hergestellet haben: dise Männer aber waren voll deß Göttlichen Geists, es branne in ihnen die Liebe gegen GOTT, und deß Nächsten Seelen=Heyl, sie lagen Tag und Nacht ob dem heiligen Gebett, und Betrachtungen, darzu kamen auch die unaufhörliche Leibs=Casteyungen, und Buß=Werck, nur damit sie sich tauglich machten, einem so heiligen Werck der Reformation vorzustehen. Wann dann GOTT zu Verbesserung eines Ordens=Stand so heiligmäßige, ja Wunder=würckende Männer außerwählet, solte Er wohl dises unterlassen haben in Erneuerung seiner Braut, der gantzen Catholischen Kirchen? Wie? solte Er zu einem so heiligen Werck gebraucht haben meineydige, Gelübd=brüchige, Gottsschänderische, tumm und volle Wein=Brüder, deren Luther ein Fahnentrager ware? Wie? solte Er die Verbesserung seiner heiligen Kirchen einem Sodomiten, der Calvinus ware, anvertrauen? Ehender glaubte ich, wurde GOTT seine Kirchen gar aufheben, oder gewißlich das End der Welt beschleunigen, als daß Er solchen Raub= und Schand=Vöglen sein einziges Täublein aufzubehalten, und zuverwahren gebete.

5. Zwar gib ich ihnen gern zu, daß sie zur Reformirung der geistlichen Sitten etwas beygetragen, und gedienet haben; dann weilen sie in der Kirchen waren gleichwie das Unkraut unter den Waitzen, nachdem sie auß selber getretten, und verbannisiret worden, ist die Kirchen von solchen Unkraut befreyet, und gesäuberet worden. Neben dem haben dise Neuling durch ihre Affter=Lehr der Christlichen Kirchen Anlaß und Gelegenheit geben, die böse Sitten zuverbesseren, der Tugend, und heiliger Wissenschafft mehrer obzuligen; Dannenhero nach der Hand die Glaubens=Lehr und Andacht in un=

unſerem Teutſchland vil klärer hervorgeſchinen hat, der Eyfer zu den heiligen Sacramenten der Buß und deß Altars iſt vilmehr entzündet worden, die GOtt-geweyhte Kirchen werden öffters beſuchet, dem heiligen Meß-Opfer wird mit gröſſerer Andacht beygewohnet, daß ich wohl ſagen darff, die lutheriſche Ketzerey ſeye der Sporn, durch welchen das teutſche Reich zur Andacht angetriben wird. Auß welchen doch nicht folget, daß Luther, und ſeine Spieß-Geſellen die Kirchen verbeſſert haben, ſondern ſie haben nur eine Gelegenheit gegeben, iſt alſo, und bleibt unwahr, daß unſere Glaubens-Gegnere von GOTT geſchickt ſeynd, die Kirchen zu reformiren.

§. II.

1. ANdertens iſt falſch, daß ſie das wahre Wort GOttes, und Evangelium haben. Dann jene Kirch hat das wahre Evangelium, allwo ſich der Heilige Geiſt in jenen Würckungen hervorthut, welche in dem heiligen Evangelio beſchriben werden, dann diſes nicht beſtehet in bloſſen Namen, ſondern in dem Geiſt, Krafft, Würckung alles deß jenigen, was uns Chriſtus nicht allein zu glauben, ſonderen auch zu thun hat anbefohlen. Gehet hin/ ſpricht Er, lehret ſie alles thun/ was ich euch befohlen habe. Nun wo finden ſich die Evangeliſche Räth, die freywillige Armuth, ſtäte Keuſchheit, und vollkommener Gehorſam unter einem geiſtlichen Oberen? Item, wo ſeynd die im Evangelio verheiſſene Gaaben und Gnaden deß Heiligen Geiſtes, als da ſeynd die Gaab der Prophezeyung, die Gaab der Wiſſenſchafft verſchidener Sprachen, die Gnad der Geſundmachung, der Gewalt die Teuffel außzutreiben? Alle diſe Ding finden ſich im Evangelio, und wo findet man dann diſe bey denen Glaubens-Gegneren? Es führen zwar den heiligen Namen JESUS jetztmahlige Ketzer beſtändig im Mund, ſetzen Ihn alle Augenblick in ihre Schrifften, gleich als ſtunde

Matth. 28.

ihnen diser heilige Namen, wie einstens dem heiligen Martyrer Ignatio, in dem Hertzen, welches eben jene Ketzerische

ad Rom. 16. Schalckheit ist, von welcher der heilige Paulus saget: daß sie durch solcherley hellschleichend- und scheinheilige Wort die Hertzen der Unschuldigen verführen. Allein was nutzet ihnen alles dises, indem sie den Heiligen Geist nicht haben, noch haben können? allermassen solcher ausser der Kirchen der Rechtglaubigen nicht zu finden ist. Obwohlen dann unsere Ketzer nicht nur vom Evangelio sich rühmen, sonderen auch, wiewohl GOttslästerlich, sich gar Evangelische nennen, so ist und kan doch das wahre Evangelium bey ihnen auf keine Weiß seyn; weil sie keinen einzigen Menschen auß ihrer Rott können aufbringen, der mit seinem Leben erfüllet hätte die sammentliche Regel deß Evangelii.

2. Lasset uns nun sehen, was sie dann vor ein reines Evangelium haben. Sie erkennen zwar das alt- und neue Testament für das wahre Wort GOttes, allein Calvinus, und sein Anhang haben auß dem alten Testament außgenustert das Buch Tobiæ/ Judith/ der Weißheit/ Ecclesiasticum, der Machabæer: Lutherus mit den seinigen hat neben den besagten Bücheren auch auß dem neuen Testament verworffen die Epistel zu den Hebræeren/ die Epistel Jacobi/ die Epistel Juda/ und die geheime Offenbahrungen Johannis. Frag ich nun, wer ihnen den Gewalt gegeben, dise Bücher auß der heiligen Schrifft außzulöschen, gibt mir

Lib. de bono perseverant. cap. 11. an statt ihrer die Antwort der heilige Vatter Augustin: Weilen es ihnen also gefallet; dann sie nehmen die Schrifften an (nicht ohne GOttslästerung) welche ihnen belieben/ welche ihnen aber nicht gefallen/ verwerffen sie. Das laß ich mir saubere Diener deß Wort GOttes seyn, welche ihr Lehr nicht nach der heiligen Schrifft, sondern die Heil. Schrifft nach ihrer Lehr einrichten: Das laß ich mir feine Prediger seyn, welche dem so werthen Alterthum der Kirchen und Vätteren

teren (welche mit einhelliger Stimm besagte als wahre Bücher der heiligen Schrifft allzeit angenommen) so trutzig, als Gottloß widersprechen, nur derentwegen, damit sie ihr falsche Lehr desto besser behaubten mögen.

3. Lasset uns weiter vernehmen, wie die Ketzer mit anderen Stellen heiliger Schrifft umgehen. Ich will auß vilen nur etwelche hier ansetzen, damit ihr, liebste Freund, ihre falsche Lehr erkennen, und die lutherische Evangelien von den Catholischen unterscheiden möget. In der uralten Catholischen Bibel (welche der heilige Hieronymus auß dem Hebræischen in das Lateinische übersetzet) in der anderten Epistel Petri am ersten Capitl stehet also: Darum liebe Brüder/ befleisset euch destomehr euren Beruff und Außerwählung durch gute Werck gewiß zu machen; Luther auß eignem übel zugemasten Gewalt hat auß disen Text gestrichen die Wort durch gute Werck/ dann dise Wort offentlich wider seine Lehr seynd, weilen er lehret, die gute Werck seynd dem Menschen zur Seeligkeit nicht verdienstlich, sondern allein die Werck Christi. Auf gleiche Weiß hat er gehandlet mit der Epistel Pauli zu den Römeren am dritten Capitl, allwo der heilige Apostel saget: Wir halten darfür/ daß der Mensch durch den Glauben gerechtfertiget werde; Luther hat darzu gesticket, durch den Glauben allein/ damit er widerum die gute Werck außschliessete als unnöthig zur Seeligkeit. Bey Luca am 22ten Capitl stehet geschrieben, daß Christus seinen heiligen Leib denen Jüngeren mitgetheilet, sagende: Das ist mein Leib; an dessen statt setzen die meiste lutherische Ketzer, da ist mein Leib, damit sie nicht zugeben müssen, daß das Brod warhafftig in den Leib Christi veränderet werde. Nicht minder verfälschen sie die Epistel deß heiligen Jacobi, dann an statt der Wort: Beichtet einander eure Sünd, cap. 5. schreiben sie, beichtet die Sünd/ so ihr gegeneinander verübet habt/ damit sie sich auß der Schlingen winden, und niemand

dann GOTT die Sünden bekennen sollen; dann ein anders ist, die Sünd einander beichten (welches Jacobus befihlet) ein anders aber, GOTT die Sünd vortragen, welche man gegeneinander gethan hat (wie Luther lehret.) Die Epistel deß heiligen Pauli zu den Hebræeren am 13ten Capitl hat ein gleiches erfahren; dann nach der rechten Verteutschung heisset es bey den Aposteln: Die Vermählung ist in allen ehrbar; aber bey den Ketzeren heisset es: Die Vermählung ist ehrlich bey- und unter allen Menschen; womit sie die Ehe der Priester, Mönch, und Closter-Jungfrauen behaubten wollen. Item zu den Corintheren in der ersten Epistel am 9ten Capitl stellet der Apostel die Frag: Ob sie dann nicht befugt waren ein Weibsbild/ so doch in Christo und Glauben ein Schwester ware/ mit sich herum zu führen? Luther aber ist mit disen Worten nicht zufriden, sondern damit er probiren kunte, die Apostel haben Ehe-Weiber gehabt, setzet hinzu: ob sie nicht befugt wären, ein Schwester zum Weib mit sich herum zu führen. Weiters hat Paulus die Thessalonicenser ermahnet: Brüder stehet und haltet die Erb-Lehren/ welche ich euch gegeben sowohl durch meine Wort/ als durch die Send-Schreiben/ 2. cap. 2. aber die Neuling, weil sie kein Tradition, oder Erb-Lehr, sondern allein das geschriebene Wort zulassen, haben an statt deß Worts *Tradition*, oder Erb-Lehr/ hinein geschriben *Document*, oder Satzungen. Auß welchen wir dann ersehen, was reines Wort GOttes, und Evangelium die neubachene Ketzer haben. Ich frag aber widerum: Woher weisen sie den Gewalt, die heilige Text also zuverändeten? Warlich wann einer einen Brieff, oder Diploma eines Königs oder Fürsten verfälschete, wäre er würdig, mit dem Schwerdt gestrafft zuwerden. Was verdienet dann der jenige, der die Schrifft der ewigen Warheit deß Göttlichen Geists verfälschet? Aber vernehmet weiter, was sie vor ein Wort GOttes haben.

4. Das

4. Das Wort GOttes ist zweyfach, nemlich das geschribene / und ungeschribene / das geschribene bestehet in denen Bücheren deß alt= und neuen Testaments : das ungeschribene aber bestehet in der Erb=Lehr / welche von den Apostlen=Zeiten an biß auf dise Stund allzeit ist beglaubet und gehalten worden, ob zwar solche in der Bibel nicht außtrucklich gefunden wird. Also glauben wir, daß der Heilige Geist von dem Vatter und Sohn außgehet : Wir glauben, daß die heilige Apostel die Glaubens=Articul zusammen getragen, und verfasset haben : Wir glauben, daß Mathæus, Marcus, Lucas, Johannes das Evangelium geschriben haben : Wir halten darfür, daß die kleine Kinder recht getaufft werden : Wir heiligen und feyren an statt deß Sabbaths den Sonntag, und was dergleichen mehr ist, und dannoch stehet von allen disen Glaubens=Puncten in Göttlicher Schrifft nichts verzeichnet, sondern es kommet alles auf die Tradition, oder Erb=Lehr hinauß, welche eben so hoch zu schätzen ist, als die heilige Schrifft selbsten; dann es ein Ding ist, ob GOtt uns seine Glaubens=Lehr durch die Schrifft, oder durch das mündliche Wort offenbare. Und Paulus sagt außtrucklich in letztangezogener Stell, daß man nicht allein halten solle, was er in seinen Send=Schreiben, sonderen auch durch sein Wort mündlich gelehret hat. Ja Augustinus saget rund herauß: *Lib. contra* Ich glaubete dem Evangelio nicht / wann mich nicht das *Epist.funda.* Ansehen / oder Authorität der Catholischen Kirchen darzu *cap. 4.* bewegte. Und gar recht; dann woher hätte er wissen können, daß dises das wahre Evangelium seye, wann solches nicht allzeit die Catholische Kirch davon beglaubet, und gehalten hätte? Was halten aber die Ketzer von disen ungeschribenen Wort GOttes? So wenig, als auf die Römische Kirch : sondern wollen nur glauben, was geschriben stehet. Allein sie werden gar leicht zu Schanden gemacht; dann sagen sie her : Glauben und halten sie die oben angezogene

Glau=

Glaubens-Puncten, oder glauben sie solche nicht? Glauben sie solche nicht; so bringen sie abermal ein neue Ketzerey auf: glauben sie aber solche; so sagen sie weiter her, warumb sie solche glauben, indem von besagten Glaubens-Articklen in heiliger Schrifft nichts zu finden ist? Sehet, liebste Freund, wie sich unsere Glaubens-Gegnere selbsten zu Schanden machen, indem sie auf das ungeschribene Wort nichts halten, und dannoch das jenige glauben, was vom ungeschribenen Wort, oder Erb-Lehr herkommet. Bleibt also einmal, und allzeit wahr, daß die Ketzer das Wort Gottes glauben, wann, und wie sie wollen, nach ihren eignen Kopf, und Muthwillen: Dises kan aber das rechte Wort GOttes nicht seyn, sondern ist nur ein Menschen-Wohn, und Gutachten; Also ist falsch, und lugenhafft, daß unsere Glaubens-Feind das wahre Wort GOttes, und reine Evangelium haben.

§. III.

1. DRittens thun sie ihnen selbst fälschlich schmeichlen, als hielten sie alles auf Christum, und setzten ihr völlige Hoffnung und Vertrauen auf Jhne; dann der Welt-Apo-

1. Corinth. cap. 12. stel schreibet also: Niemand kan JEsum anruffen/ noch Jhn einen HErrn nennen/ als durch den Heiligen Geist. Nun aber haben sie den Heiligen Geist nicht, weilen diser nur der Catholischen Kirchen ist versprochen worden; können also in der Sach selbsten sich nicht proglen, daß sie Christum haben, und sich gantz und gar auf Jhn verlassen. Wann sie nun also, und dergleichen singen: Meinen JEsum laß ich nicht/ weil Er sich vor mich gegeben/ so erfordert meine Pflicht/ Aletten-weiß an Jhn zu kleben/ meinen JEsum laß ich nicht ꝛc. wann sie, sprich ich, also schreyen, so folgen sie halt nach denen Evangelischen Jungfrauen, welche auch

Math. 25. inständigist zu dem Bräutigam geruffen: HErr/ HErr mache uns auf/ aber nichts erhalten haben, als die Wort: Ich kenne euch nicht. Ist derohalben nicht genugsam, auf daß einer Christum habe, wann er solchen nur in dem Mund füh̃ret, sondern es wird haubtsächlich darzu erforderet, daß er mit seinen Lebens-Wandel Christum bekenne, und selben in seinen Wercken bezeuge, nach Lehr Christi selbsten: *Nicht* *Matth. 7.* ein jeglicher/ der zu mir saget HErr/ HErr! wird eingehen in das Himmelreich/ sondern wer da thut den Willen meines Vatters. Nun aber ist zum Genügen bekannt, wie sauber die Ketzer mit ihren Lebens-Wandel Christum vorstellen: Christus ware demüthig, gehorsam, rein, gedultig, sanfftmüthig; Wie seynd aber die Glaubens-Gegnere beschaffen? Liebste Freund, ihr werdet sie selbsten genugsam erfahren haben die Zeit hindurch, da sie unter euch gewohnet haben. Ich meines Theils kan bezeugen, daß sie gewesen seynd hoffärtig, aufgeblasen, ungehorsam, unkeusch, zornmüthig, rachgierig, unfriedlich, welche Laster ihren Ursprung von ihrer leichten, und zu der Freyheit führenden Lehr hergenommen haben: es ware bey ihnen kein GOtts-Forcht anzutreffen, sie erzeigten sich in denen Bett- und GOtts-Häuseren nicht allein nicht andächtig, sondern wohl auch außgelassen, frech, und straffmässig: Sonn- und Feyrtäg verzehrten sie in heimlichen Zusammenkünfften, allwo sie sich wider geist- und weltliche Obrigkeit zusammen verschwörten: die Frommkeit war bey ihnen dermassen verhasset, daß sie wohl auch die jenige, so dem Gebett, und geistlichen Kirchens-Ubungen oblagen, beschimpfen und verachten dörfften. Heisset dann dises Christum anlegen? Ist dises Christum bekennen? Und wer solte dann glauben, sie haben Christum, und auf Ihn ihr grösstes Vertrauen? Kein Vertrauen und Hoffnung, Geliebte, ist dises, sondern ein Reck- und Vermessenheit, indem sie ihnen die Werck Christi zumuthen, und dannoch solchen nicht nachfolgen, noch sich derselben befleissen. Bleibt also das jenige bey ihnen erfüllet, was der Apostel meldet, nemlich: daß sie mit *ad Titum 1.*

E dem

dem Mund zwar bekennen/ sie erkennen GOTT/ aber mit den Wercken Ihn verlaugnen : sintemahl sie seynd / an welchen GOTT ein Greuel hat/ dann sie seynd unglaubig/ und zu allen guten Wercken untüchtig.

2. Es sagen aber benanntlich unsere gewesene Nachbauren, sie verlassen Hauß und Hof, Geschwistrigte und Befreunde, und dises alles umb Christi Namen willen. Aber schweigen sie! dann eben durch dises werden sie, und andere Einfältige betrogen. Dann wie können sie sagen, sie verlassen ihre Güter umb Christi Namen willen? Haben sie villeicht gewohnet unter Türcken, Juden und Heyden? Wird dann in Saltzburger-Land der Namen Christi gelästeret? Verlaugnet man daselbst Christum unseren Heyland? Zeigen sie uns ein Orth in gantzen Saltzburg, in welchen der Namen GOttes und Christi nicht auf das feyrlichste verehret werde. Dann wohin zihlen die aufgerichte GOtts-Häuser und Capellen? Wohin so vilfältig angestellte Andachten, Procession-und Creutz-Gängen, als allein zu grösserer Ehr deß Namen GOttes? Und dises Orth verlassen sie, und ziehen in ein Land, allwo sie nicht wissen, wie, und ob Christus verehret werde. O was ist dises vor ein grosse Blindheit! sie reisen auß einem Land, allwo heimlich und offentlich JEsus Christus in Ewigkeit gelobt wird/ und gehen in ein Orth, allwo man von disem heiligen Gruß nichts hören will. Das ist ja ein solche Narrheit, als wann ein reicher Mann, der alles genug zu Hauß hat, sein Hauß verlassete, und in ein Bettler-Hütten sich begebete, damit er allda Reichthumen überkommen mögte. Damit ich aber von diser Sach noch weiter rede, so frage ich, wie, und mit was vor einem Gemüth und Willen haben sie ihre Güter verlassen? Haben sie nicht vorgeben (obwohl gantz aberwitzig) sie wollen nach einiger Zeit mit grosser Macht kommen, und solche widerumb mit Gewalt an sich ziehen? Haben sie nicht getrohet, die Catholische

von

von den Jhrigen zuverstoſſen? Wie können ſie dann ſagen, ſie haben alles verlaſſen, da ſie doch das Jhrige mit höchſter Unbilligkeit zu ſuchen trachten? Zudem, wann ſie allein wegen Chriſtum außgezohen, warumb hat es dann bey ſo vil hunderten ſovil Verſprechungen gebraucht, es werde ihnen vil beſſer ergehen, als in ihren eignen Vatterland? Jch bin vergwiſt, daß der vierdte Theil nicht ſo meineydig wurde geweſen ſeyn, wann man ihnen nicht ſovil gute Täg verſprochen hätte. Iſt dann diſes wegen Chriſtum Hauß und Hof verlaſſen? Auf keine Weiß. Aber diſes kan ich wol mit der Warheit ſagen, daß ſehr vil eintweders wegen guten Verheiſſungen, oder aber, welches noch ſchändlicher iſt, wegen unreiner Liebe, ſo ſie gegeneinander getragen, verreiſet ſeynd. Und alle diſe ſollen ſich rühmen, ſie haben Chriſtum, und folgen Jhme nach? Das mag ein anderer glauben, der nicht weiß, wer Chriſtus iſt, ich aber wird mich in Ewigkeit nicht bereden laſſen, ſondern halte kräfftig darvor, ſie ſeyen auß Zulaſſung Gottes wegen ihren Sünden von dem Engel der Finſternuß (der ſich offt weiß in einen Engel deß Liechs zuverſtellen) betrogen, und alſo verblendet, daß ſie nicht mehr ſehen können, weſſen Geiſts ſie ſeynd, gleich dann auch anderen Ketzeren geſchehen iſt, welche ebenfalls, da man ſie verjaget, vorgaben, ſie verlieſſen alles umb Chriſti willen.

§. IV.

1. Nietzto haben wir die falſche Propheten in ihren Schaafs-Kleyderen geſehen, oder beſſer zu reden, ihnen ſolche in Kürtze abgezohen. Nun iſt es Zeit, daß wir ſie auch betrachten als innwendig reiſſende Wölff, über welche ſich der Apoſtel beklaget Actor. 20. mit folgenden Worten: Jch weiß/ daß nach meinem Abſchid unter euch kommen werden reiſſende Wölff/ die der Heerde nicht verſchonen werden. Allda wünſchte ich von Hertzen, daß ihr, liebſte Freund,

Freund, in denen Geschicht-Bücheren erfahren wáret, O was Grausamkeit wurdet ihr ersehen, welche dise gefrássige Wölff, unsere Glaubens-Feind, in verschidenen Königreichen, Hertzog- und Fürstenthumen haben verübet. Sehen wurdet ihr, wie sie das Geistliche mit dem Weltlichen vermischet, und beydes verkehret haben: wie von ihnen die Ehe-Bether beflecket, die Wittwen bezwungen, die GOtt-verlobte Jungfrauen geschándet, die Clöster zerstöhret, die GOtt-geweyhte Kirchen und Altár verwüstet, die Geistliche vertriben, die Kirchen-Diener in die Kercker verschlossen, die Religiosen gemarteret, die Priester, ja so gar die Bischöff seynd getödtet worden: Sehen wurdet ihr, wie sie die Kayserliche Cronen, die Königliche Scepter, die Fürstliche Zieraden eintwebers unbillich ist verlanget, oder wohl gar grausamst mit Vergiessung Königlichen Bluts geraubet haben: mit einem Wort, ihr wurdet sehen, daß der Lutherisch- und Calvinischen Lehr kein anderer Frucht seye, als Rebellionen, Aufruhren, Krieg, Mordt, Brand, und Verwüstungen der Landschafften. Und lasset sich dises nicht laugnen; Ihr, liebste Freund, werdet selbsten wissen, wie hart das liebe Vatterland Saltzburg durch die innheimische Ketzerische Bauren Anno 1525. sey betrangt worden: sie belagerten ja vierzehen gantzer Wochen ihren eignen Gnädigisten Fürsten, und Lands-Herrn: liessen auf einmal zwey und dreyssig Hoch-Adeliche enthaubten: legten vil Schlösser in Pintzgey in die Aschen, und verursachten mit groben Hochmuth unaußsprechlichen Schaden. Und wer weiß, was nechst-verflossene Jahr geschehen wäre, wann nicht die grosse Vorsorg unsers frommen Gnädigisten Lands-Fürsten LEOPOLDI (deme GOTT, gleich vormahlen dem grossen Römischen Kayser LEOPOLDO, beystehet) die gemacht-heimlich-aufrührische Anschläg hintertriben, und zu nicht gemacht hätte?

2. Aber

2. Aber was schreib ich euch vil von Krieg und Empörungen der Ketzer? kan dann ein grössere Grausamkeit diser reissenden Wölffen seyn, als daß sie an GOTT, und alle Geschöpff ihre Blut-durstige Zähn setzen? Daß deme aber also seye, lasset uns in Kürtze ersehen. Erstlichen zwar versetzen sie dem Menschen auf diser Welt einen harten Biß, indeme sie vermessen lehren, er habe keinen freyen Willen, könne auch kein gutes Werck verrichten, so ihme zu der Seeligkeit verdienstlich wäre, sondern nehme bloß an, was GOTT auß ihn schnitzlet, und würcket. Sehet da die spitzige Wolffs-Zähn, so den Menschen, als ein Ebenbild GOttes, zerreissen wollen; massen vil heilige Vätter der Meynung seynd, der Mensch seye darumben ein Göttliches Ebenbild, weilen er von dem Allerhöchsten einen freyen Willen überkommen hat. Es ist aber dise Ketzer-Lehr so falsch, als närrisch: Falsch ist sie; weilen sie schnurgrad der heiligen Schrifft zuwider lauffet. Hat nicht Moyses zu seinem Volck außtrucklich geredet: Ich nehme Himmel und Erden zum Zeugen/ daß ich euch Leben und Todt/ Seegen und Fluch vorgeleget/ darumben so erwähle du das Leben. Item Josue am 24. Cap. Ihr habt die Wahl/ erwählet euch/ wem ihr am meisten wollet dienen. Weiter stehet geschrieben: Er hat können übertretten/ und hat gleichwol nicht übertretten, er hätte können Böses thun, und hats nicht gethan. Ja Christus der HErr lasset sich vermelden: Wilst du zum Leben eingehen/ so halte die Gebott. Item: Wilst du vollkommen seyn / so verkauffe alles ꝛc. Allwo zum Genügen angezeiget wird, daß der Mensch einen freyen Willen habe das Böse oder das Gute zu würcken. Ja wann der Mensch keinen freyen Willen haben solte, so folgte nothwendig, daß alle Ermahnungen, Gebott, Einsprechungen, Betrohungen, Versprechungen, so GOTT der Allmächtige in heiliger Schrifft uns vorhaltet, umbsonst gescheheten; dann warumb solte man einen ermahnen, oder wie

Deut. c. 30.

Ecclesiastici cap. 31.

Matth. 19.

wie kunte man einen gebieten, wann er nicht nach seinen Willen, sonderen nothwendig, und gezwungen thun müste? Ich will nicht sagen, daß auß diser verdambten Lehr folgte, daß nemlich der gerechte GOTT die Laster der Menschen nicht straffen kunte, indem sie keinen freyen Willen gehabt, selbige zuverhüten. Thorrecht aber und närrisch ist dise Lehr; dann sie hierdurch laugnen, was sie sonsten so hoch schätzen, nemlich die Freyheit zu glauben. Zudem, wann der Mensch keinen freyen Willen hat Guts zu thun, so seynd unsere Glaubens-Sacher wohl ungescheid, daß sie sich also bemühen mögen, und uns von ihren Glauben daher schwätzen und schreiben, weilen es nicht in unserem Gewalt (nach ihrer Lehr) solchen anzunehmen, sondern sie sollen GOTT in ihrer Glaubens-Lehr unterweisen und ermahnen, daß Er uns darzu nöthige, zwinge, und ziehe.

3. Nicht minder ist falsch, daß der Mensch kein zur Seeligkeit verdienstliches Werck verrichten könne; dann es ist wider die klare Schrifft: heisset es dann nicht, erfreuet euch/ und frolocket/ dann euer Lohn ist groß in den Himmel? Nun aber wissen wir alle, daß der Lohn keinen geben wird, er verdiene ihn dann zuvor; so folget dann nothwendig, daß wir durch unsere gute Werck die ewige Seeligkeit verdienen müssen. Darzu uns trefflich der Apostel ermahnet, sagende: Würcket euer Seeligkeit mit Forcht und Zitteren. Ja der Welt-Heyland wird einstens zu den Gerechten sagen: Kommet/ besitzet das Reich/ so euch bereitet ist/ dann ich bin hungrig gewesen/ und ihr habt mich gespeiset/ ꝛc. Sehet da, wie Christus die gute Werck, als ein Ursach der Seeligkeit, benenne. Allwo wohl zu mercken, daß Er nicht sagen wird, kommet her, weil ihr an mich geglaubt/ sondern weil ihr dise und jene gute Werck vollzohen habt. Ist also eine verfluchte Lehr, daß der Mensch allein durch den Glauben, und nicht durch die gute Werck seelig werde.

Matth. 5.

ad Philip. 2.

4. Zwar

4. Zwar weiß ich wohl, lehren auch alle Catholische, daß der Mensch auß eignen Kräfften kein zur Seeligkeit verdienstliches Werck verrichten könne, sondern es wird erforderet die Gnad und Hülff GOttes; also sagt außtrucklich der heilige Text: Ohne mich könt ihr nichts thun. Und der heilige Vatter Augustin schreibet also: Wir sagen nicht/ daß durch die Adamitische Sünd der freye Willen deß Menschen seye zu Grund gangen/ er mag wohl sündigen von sich selbst/ aber gut und fromm leben kan er nicht / wann ihn nicht die Gnad GOttes erlediget/ und zu allen Guten sowohl Gedancken/ Worten/ als Wercken verhilfflich ist. Und darumben muß ein jedwederer Mensch bekennen, daß er ein unnützer Knecht seye, weilen er nichts Gutes von sich selbsten würcken kan, sondern von- und durch die Gnad GOttes, welche unsere Werck der ewigen Glückseeligkeit verdienstlich machet. Weiters ist mir nicht unbekannt, daß die gute Werck denen Glaubens-Gegnern nicht verdienstlich seyn können, weilen sie nemlich den wahren Glauben (so das Fundament, oder Grund ist zu denen verdienstlichen guten Wercken) nicht haben; Darumben laß ich sie von sich selbsten wohl singen: Es ist mit unsren Thun verlohren/ verdienen doch nur eytlen Zorn/ ꝛc. welcher ihnen umb destomehr wird über den Halß kommen, je Gottslästerlicher sie lehren, daß die Werck der Gerechten lauter Sünden und Missethaten, und mithin nur würdig seyn der Verdammnuß. Und difes, geliebte Freund, seynd die reissende Zähn der Wölffen, mit denen sie die Menschen anfallen.

Joan. 15.
Contra 2. Epistola; Pelag. cap. 5.

§. V.

1. Aber sie seynd noch nicht vergnüget, sondern sie erheben ihr förchtliches Wolffs-Heulen auch in den Himmel, und wollen die himmlische Burger selbsten angreiffen, indem sie ihnen die gebührende Ehr entziehen. Höret, und erstau-

erſtaunet, wie grauſam Luther die ſeeligiſte Mutter GOttes *Sermone de* läſteret: Ich ſchätze nicht mehrer die Vorbitt Mariæ, als ei= *nat.B.Virg.* nes jedwedern auß dem Volck, derentwegen, weilen wir alle ſo gerecht und heilig ſeynd als ſie. Und von dem heiligen Petro in der Poſtill am 7ten Sonntag nach der Heiligiſten Dreyfaltigkeit redet er alſo: Die Verdienſt deß heiligen Petri möchte ich umb keinen Häller kauffen; dann wie ſolt er mir helffen / da er ihm ſelbſten nicht hat helffen können? Geliebte! wer ſoll ſich nicht billich über ſo Ehrendiebiſch=und vergeſſene Reden eyferen? freylich ſoll ihm der Scharff= Richter die Zung auß den Rachen geriſſen haben, ehe und be= vor er die erſte Silben außgeſprochen hat. Diſen ſauberen Luder aber folgen nach ſeine Lehrling, darumb ſie keine einzi= ge Ehrerbietung denen lieben Heiligen, und Freunden GOt= tes erzeigen: ja ſie darffen ſich wohl erkecken, ihre Bildnuſ= ſen, Reliquien, und Gebeiner zu ſtürmen, zuverbrennen, mit Koth zubeflecken, oder auf andere Weiß zu entunehren, wie man es leyder im Saltzburger=Land erfahren hat. Weit anderſt iſt beſtellt die Kirchen GOttes, welche lehret, daß es recht, gut, und nutzlich, auch GOTT angenehm ſeye, daß man die Heilige verehre, und anruffe, diſe auch bey GOTT für uns bitten, und uns helffen können; dann was anbelan= get die Verehrung der Heiligen, ſo geziemet es ſich ja, daß wir denen jenigen Ehr erweiſen, welche ſo gar der himmliſche Vatter verehret: nun aber verheiſſet Chriſtus der HErr ſol= *Joan. 12.* che Ehr=Bezeugnuß klar, ſagende: Wer mir dienen wird/ den wird mein Vatter ehren. Seynd dann wir vornehmer, als der himmliſche Vatter, daß wir uns nicht würdigen ſol= len, die Freund GOttes zuverehren?

2. Wahr iſt zwar, daß GOTT allein, als der höchſte HERR, von uns müſſe verehret und angebettet werden, de= rowegen wir dann Jhme allein Göttliche Ehr bezeugen, das iſt, wir verehren Jhn alſo, daß wir diſe Ehr Jhme nicht we= gen

gen einen anderen, sondern lediglich wegen Ihn selbsten anthun. Diſer Ehr-Beweiſung aber benimmet nicht, wann wir auch ſeine heilige Freund verehren, ſondern gereichet Ihme auf ein neues zu ſeiner Ehr; weilen wir die himmliſche Innwohner haubtſächlich wegen GOTT verehren: dann die Ehr-Bezeugung geſchihet ihnen, weilen ſie Chriſto nachgefolget, Ihne bekennet, vor Ihn ihr Blut aufgeſetzet, und nach diſen Leben mit Ihn ewiglich herrſchen. Iſt alſo klar, daß wir die Heilige verehren wegen GOTT, mithin iſt die Verehrung der Heiligen auch ein Verehrung Gottes; Darumben gar recht geſagt der heilige Ambroſius: Der immer die Martyrer verehret / der verehret Chriſtum / und der die Martyrer verachtet / der verachtet Chriſtum. Schauen alſo die Ketzer zu, was ſie, und mit wem ſie zu thun haben, wann ſie denen Freunden Chriſti, oder wohl gar ſeiner werthiſten Mutter ihr gebührende Ehr abſprechen. *Sermone 6. in fine.*

3. Nicht minder iſt auch ſehr lobwürdig, die Bildnuſſen, Gebeiner, und Reliquien der Heiligen verehren: Hat nicht Moyſes bey Außzug auß Egypten-Land die Gebein deß Egyptiſchen Joſephs mit ſich genommen? Hat nicht GOtt den Leib deß Moyſis geehret, indem Er ihn ſelbſten begraben? Iſt nicht ein Todter zum Leben erwecket worden, da man ihn in das Grab deß Leichnambs Eliſæi geleget? Und was geſchehen auch im neuen Teſtament vor groſſe Wunder-Werck durch die Bildnuſſen, Reliquien, und Leiber der Heiligen? Wann dann GOTT mit Wunder-Werck (wie unlaugbar iſt ſo gar an den Schatten Petri Actor. 5.) der Heiligen Bildnuſſen, und Gebeiner groß und glorios machet, umb wie vil mehr ſollen wir Ihnen Ehr bezeugen? Warhafftig wann wir einen guten Freund haben, hängen wir deſſen Abbildung in unſeren Häuſeren auf, bitten uns von ihm ein Gedenck-Zeichen auß, und erweiſen ihme in diſen eine burgerliche Ehr: Und wir ſollen ein Bedencken tragen, in denen Bildnuſſen die *Exodi 13. Deuter. 34. 4. Reg. 13.*

F Freund

Freund GOttes zu ehren, und uns umb ihre Nachfolg zubewerben? Aber ich weiß wohl, wo es fehlet; die Lutheraner, und andere Ketzer können mit keinen Heiligen auß ihren Winckel-Kirchen, mithin auch mit keinen Reliquien auffkommen; dahero verachten sie auch die Verehrung unserer lieben Heiligen, dero Bildnussen, und Reliquien.

4. Was nun anbetrifft die Anruffung der Heiligen, ist solche so billich, als die Verehrung, so gar im alten Testament ware dise schon löblich gewesen. Moyses, da er zu GOTT gebetten, beruffet sich, und bringt als Beweg-Ursachen vor die Verdiensten der heiligen Patriarchen Abraham, Isaac, und Jacob, und sehet, der HErr ist besänfftiget worden über sein Volck. Uber welchen Paß der heilige Vatter Augustin glossiret: Auß disen lehrnen wir/ daß/ sofern wir durch unsere Missethaten getruckt/ und von GOTT verhasset seynd/ wir doch bey GOTT Leichterung/ und Gnad finden können durch die Verdienst der jenigen/ so GOTT liebet. Bey dem Propheten Baruch cap. 3. bettete das gantze Volck zu GOTT: Allmächtiger HERR! O GOTT Israels! jetzt erhöre das Gebett der verstorbenen Israeliteren. Die drey Knaben in dem Feuer-Ofen rufften also zu dem HErrn: Nimme nicht hinweg deine Barmhertzigkeit von uns wegen Abraham deinem Geliebten/ und Isaac deinem Diener/ und Israel deinem Heiligen. Wann dann recht und gut gewesen, daß man im alten Testament, (allwo die Heilige die vollkommene Glückseeligkeit noch nicht besessen) GOTT durch die Verdienst der Heiligen gebetten, und dise als Mittl zu Erlangung der Bitt gebraucht hat; wie vilmehr wird gut und nutzlich seyn, wann man GOTT bittet erhöret zuwerden durch die Verdienst der Außerwählten, so schon würcklich ihre Glückseeligkeit, und Anschauung Gottes geniessen? Aber lasset uns dise Ketzer-Wölff noch weiters verfolgen: Eintweders ist es recht, daß ein Mensch den an-

Exodi 32.

Daniel. 3.

anderen erſuche, auf daß er bey GOTT für ihn bitte, oder iſt es unrecht? Iſt es unrecht; ſo hat der Apoſtel weit gefeh= 2.Theſſal.1. let, daß er die Theſſalonicenſer, die Colloſſenſer, die Römer Colloſſ.4. umb ihre Gebetter bey GOTT für ſich ſo inſtändig hat an= Roman.15. geſprochen. Iſt es aber recht; warumb ſagen ſie, es ſeye unrecht, die Heilige anruffen? Dann können die noch leben= de für uns bey GOtt vorbitten, wie vilmehr die in der Gnad GOttes geſtorben ſeynd, als welche mit einer gröſſeren Lieb Chriſto anhangen, mit GOTT vereiniget, auſſer aller Ge= fahr zu ſündigen, in der Gnad und Herrlichkeit beveſtiget ſeynd?

5. Haben villeicht die Heilige die Lieb zu uns außgezo= hen? aber der Apoſtel ſagt, daß zwar der Glaub und Hoff= nung nach eines jeden Abſterben vergehen, nicht aber die Lieb. 1.Cor.13. Verbleibet alſo, ja wird vil vollkommener die Liebe der Heili= gen gegen uns Menſchen auf diſer Welt. Diſen Beweiß hat ſchon längſten der heilige Hieronymus den Ertz=Ketzer Vigilantio (welcher, gleich denen jetztmahligen Ketzeren, die An= ruffung der Heiligen verworffen) zuverkoſten geben. Auß welchen auch obenhin erhellet, daß die neue Ketzer nichts an= deres gethan, als die Ketzereyen, ſo von der alten (und nach Lehr der Ketzer ſelbſten) wahren Kirchen ſchon längſt ſeynd verworffen worden, widerum erneueret. Oder aber wiſſen die Heilige nichts umb unſer Gebett, Noth, und Armſeelig= keit? gleichwie bey Iſaia am 63. ſtehet: Abraham hat umb uns nichts gewuſt, und Iſrael hat unſer vergeſſen. Aber wer ſoll diſes behaubten können? Erkennen ſie dann nicht al= le Augenblick den Jenigen, der alles weiß, und ſihet? Wann dann alles in GOTT begriffen iſt, ſo iſt ja gewiß, daß ihnen in GOTT, oder wohl auch durch die Engel abſonderlich die jenige Sachen, ſo ein jedwederen inſonderheit betreffen, geof= fenbaret werden. Zudem, was ſagt das Evangelium? heiſ= Luc.15. ſet es nicht außtrucklich: Es wird ein Freud ſeyn in den Him=

F 2   mel

mel über einen Sünder/ der Buß thut? Wie kunten sich aber die himmlische Burger erfreuen, wann sie kein Wissenschafft darvon hätten? Sehet die nichtsnutzige Außreden der Ketzer. Daß aber bey Isaia stehet, Abraham hat uns nicht erkennet ꝛc. ist nach Außlegung deß heiligen Hieronymi, also zuverstehen : Abraham haltet uns nicht für seine Kinder/ weilen wir von dir/ O GOtt! gewichen seynd. Welches die Ketzer wohl auch von sich selbsten sagen können, nemlich : die Heilige wissen nichts umb uns, weilen wir von der Kirchen GOttes, und mithin von ihrer Gesellschafft abgewichen seynd.

6. Villeicht endlich geschihet GOTT ein Unbild, wann wir auch die Heilige umb ihr Vorbitt anruffen? Also bezüchtigen uns die Ketzer, wann sie sagen, wir setzen Christum auf die Seiten, und hangen denen Heiligen an. Allein sie suchen durch solche falsche Innzüchten nichts anders, als die wahre Kirchen bey denen Unverständigen verhaßt zu machen. Dann wer hat einsmals auß denen Catholischen die Heilige angeflehet, daß sie die Stell Christi vertretten sollen, oder an statt Christi uns helffen? dises aber bitten wir, daß sie uns also helffen, damit wir ehender unser Begehren von Christo erhalten, gleichwie die Ketzer selbsten lehren, daß ein Mensch dem anderen mit seinem Gebett bey Christo solle verhilfflich seyn. Geschicht also die Anruffung der Heiligen nicht derenttwegen, daß sie uns auß ihren eignen Kräfften helffen sollen, sondern daß sie bey GOTT sollen vorsprechen, und bitten, damit wir desto sicherer theilhafftig werden der Verheissungen Christi. Mithin ist die Anruffung der Heiligen so wenig Christo zu einer Unbild, so wenig als Christo ein Unbild geschihet, wann wir die annoch lebende Menschen umb ihr Mitgebett ansprechen, gleich der Apostel selbst gethan. Es sagen aber die Ketzer, Christus habe gebotten, man solle zu Ihn kommen, Er wolle helffen. Aber O der thorrechten Köpf! was thun wir

wir dann anderes, wann wir zu den Heiligen GOttes ruffen: Bittet für uns/ als die Heilige GOttes ersuchen, daß sie mit uns, oder statt unser zu Christum gehen, selbigen ihre Knye biegen, und für uns ihre Bitt-Schrifft eingeben sollen, auf daß Er, Christus, uns helffe, in Gnaden unser gedencke, den Frucht seiner Mittlung und Erlösung uns nachtrücklich wolle gedeyen lassen? Fliehen und kommen wir dann also nicht besser zu Christum, als wann wir allein (die wir mit vilen Mänglen behafftet seyn, mithin kein schönes reines Lob Gottes geben können) ohne Geleitschafft der Freunden Gottes bey seiner Gnaden-Thür anklopfeten? Thun wir Ihn dann dardurch nicht erkennen als dem Geber der Göttlichen Gnaden, und als den haubtsächlichen obersten Mittler zwischen GOTT, und dem Menschen? Allein lassen wir nur dise reissende Wölff gegen den Himmels-Burgeren ihre Zähn wetzen, sie werden keinen anderen Raub darvon tragen, als ihren eignen Untergang, wann ihnen der höllische Jäger den letzten Fang geben wird. Wir aber Catholische Christen wollen stäts mit einem heiligen Vatter Augustin zu den Heiligen ruffen: O ihr glückseelige Heilige GOttes/ sprechet uns das Wort/ und bittet unaufhörlich für uns arme und nachlässige Sünder/ damit wir durch eure Gebetter eurer Gesellschafft theilhafftig werden.

Meditat. cap. 24.

§. VI.

1. OB zwar der Ketzerischen Wölff-Zähn sehr stumpf seynd, lassen sie doch nicht nach, noch weiter zu wüten, wie sie dann auch die in der Gnad GOttes abgeleibte, jedoch noch die zeitliche Straff in den Reinigungs-Orth, oder Fegfeuer abbüssende Seelen umb die Hülff zu bringen sich äusserist bemühen, indem sie besagtes Orth unter die Banck laugnen; und wiewohlen man ihnen mit der von denen Aposteln herkommenden Erb-Lehr, mit der Authorität und Ansehen der

alten Kirchen, mit der einstimmenden Lehr der heiligen Vät‐
teren zimlich auf das Maul schlagt, disem allen doch ungeach‐
tet, sagen sie, das Fegfeuer seye ein Gedicht der Pfaffen. Pfuy
der lästerenden Wölffen! Aber lasset uns sehen, ob das Feg‐
feuer nicht allein auß heiliger Schrifft, sondern auch auß der
Math. 12. Vernunfft nicht könne erwisen werden. Christus sagt: Wer
etwas redt wider den Heiligen Geist/ deme wird solche
Sünd weder in diser/ noch in jener Welt verziehen wer‐
den. Auß welchen Worten klärlich zu schliessen ist, daß auch
in jener Welt ein Orth seyn müsse, in welchem die Sünden ver‐
ziehen werden (ansonsten hätte Christus umsonst gesagt, daß
die Sünd in Heiligen Geist in jener Welt nicht vergeben wer‐
de) die Höll aber ist kein Orth, die Sünd zuverzeyhen, dann
ihre Peynen tauren ewig: So ist auch der Himmel solches
Verzeyhungs‐Orth nicht, dann dahin kan man beflecket nicht
kommen; so muß dann ein drittes, umb Mittl‐Orth seyn, all‐
wo die Sünden durch Abbüssung nachgelassen werden, wel‐
ches unsere alte Teutsche das Fegfeuer genennet haben. Al‐
Lib. 21. de so leget disen Text auß der heilige Vatter Augustin, welcher
Civit. DEI. das Fegfeuer noch weiter probiret auß den Worten Pauli am
cap. 24. ersten Brieff zu den Corinthern am 3. Capitl: Er wird zwar
In Psal. 37. seelig werden/ aber gleichsam als durch das Feuer. Se‐
het, Geliebte, wie nach Lehr Augustini das Fegfeuer so schön
in der heiligen Schrifft außgetrucket ist. Weiters sagt der
1. Corinth. Apostel: Was machen/ die sich tauffen lassen umb der
cap. 15. Todten willen/ so die Todten nicht auferstehen? allwo durch
den Tauff nicht das heilige Sacrament deß Taufs kan ver‐
standen werden, dann keiner durch deß anderen Tauff geret‐
niget wird, ist also durch den Tauff zuverstehen der Buß‐und
guter Werck‐Tauff, durch welchen man denen Verstorbenen
helffen kan. Auß welchen Worten abermal klar zu ersehen ist,
daß solcher Buß‐Tauff (das ist, Fasten, Betten, Allmosen
geben, und dergleichen) für die Abgestorbene zu Zeiten Pauli
von

von denen Chriſtglaubigen ſeye verrichtet worden. Noch
eines auß Paulo, er ſaget: Jn den Namen JESU ſollen ad Philip.1.
ſich alle Knye biegen/ die in Himmel/ auf Erden/ und unter der Erden. Nun ſagen mir die Lutheraner, wer die ſeynd,
ſo unter der Erden ihre Knye biegen, das iſt, den Namen
JESU benedeyen, loben, und preyſen? Villeicht die Verdambte? Aber Jſaias am 38. und David am 113. Pſalm ſagen, daß die Höll, und Verdambte den HErrn nicht loben und
preyſen, wohl aber fluchen, und läſteren. Werden alſo diſes Lob ſprechen die im Fegfeuer, welche Kinder Gottes ſeynd,
und nach außgeſtandener zeitlicher Straff ſeelig werden.
Damit ich mich aber nicht zu lang aufhalte, höret die Wort
deß heiligen Vatters Auguſtin: Jn den Bücheren der Ma- Lib. de cura
chabæer (nemlich im anderten Buch, 18. Capitl) leſen wir/ pro mortuis.
daß für die Abgeſtorbene ſeye geopferet worden. Aber cap. 27.
wann es auch in den alten Schrifften nicht geleſen wurde/
ſo wäre doch das Anſehen der ganzen Kirchen genug/ in
welcher gewöhnlich iſt/ daß in denen Gebettern der Prie-
ſter/ ſo ſie bey dem Altar deß HErrn verrichten/ auch der
Verſtorbenen gedenckt werde. Und an einem anderen Orth
meldet er alſo: Durch die Gebetter der heiligen Kirchen/ De verbis
durch das erſprießliche Meß-Opfer und Allmoſen/ welche Apoſt. ſerm.
für die Verſtorbene geſchehen/ iſt gar nicht zu zweiflen/ daß 31.
ſie ſolcher theihafftig werden; derowegen beobachtet ſolches die ganze heilige Kirch als ein von den heiligen Vätteren hergebrachte Lehr. Und ſoll das Fegfeuer nicht Schriffts
und Banck-mäſſig ſeyn?

2. Es iſt aber auch der geſunden Vernunfft nach ein
Fegfeuer in der anderen Welt zuzulaſſen. Damit ich es klar
erweiſe, ſag ich alſo: Geſetzt, es entfrembde ein Nachbauer
einem anderen ein Häller, oder Pfenning, ein ſolcher ſündiget
ohne Zweiffel (wiewohl nicht ſchwärlich) und muß ſolche
Sünd bereuen und büſſen, wann er anderſt will, daß ihm ſolche

che Sünd nachgelassen werde. Nun setz ich weiter: ein solcher Mensch stirbt eben denselben Augenblick nach vollbrachter solcher kleinen Sünd, welches GOTT ja gar leicht schicken kan. Jetzt frage ich, wohin kommt ein solcher Mensch? In den Himmel kan er nicht eingehen, dann er ist beflecket mit einer Sünd: in die Höll zur ewigen Peyn verdammen, wäre ja wider die Barmhertzigkeit Gottes; also muß ja ein dritter Orth seyn, allwo ein solcher so lang leyden muß, biß er die Schuld abgebüsset hat. Wann ich dise Frag gestellet hab an die lutherische Bauren, haben sie mir zur Antwort geben: sie hoffen, es werde ihnen GOTT auf diser Welt ihre Sünd abbüssen lassen. Aber mit disen bestehen sie noch nicht; dann solche Hoffnung haben auch wir Catholische, gesetzt aber, wie es leicht seyn kan, wir büssen die kleine oder grosse, jedoch gebeichtete Sünden auf diser Welt nicht ab, wo müssen wir sie dann büssen?

3. Andere, so mehr von dem Lutherthum wusten, sagten: es wurden solche Sünd durch die Verdiensten Christi nachgelassen, weilen Er überflüssig vor uns genug gethan. Wann aber dise Antwort giltig wäre, so folgte, daß der Sünder nicht därffte Buß würcken: Warum ermahnet uns dann Christus der HErr so offt im Evangelio, wir sollen Buß thun, damit wir nicht zu Grund gehen? Andertens folgte, daß GOTT ungerechter Weiß uns mit Straffen (als da seynd Pest, Hunger, Krieg, ꝛc.) heimsuchete, weilen Christus schon für unsere Sünd hat genug gethan. Drittens folgte, daß kein Mensch auf der gantzen Welt verdambt wurde, mithin auch Heyden, Türcken, Juden, Ketzer in den Himmel kommeten; dann Christus nicht allein für die Glaubige, sonderen auch für alle andere sein theures Blut vergossen hat. Muß also die Genugthuung Christi weit anderst verstanden werden, als solche die Ketzer nehmen; Derohalben sagen wir Catholische, daß freylich Christus für alle genug gethan, allein

lein hilffet uns selbes nicht, wann wir uns solches nicht zu Nutzen machen durch unsere gute Werck, und andere von GOTT verordnete Mittl. Nehmet eine Gleichnuß: Es ist einer auf den Todt erdurstet, ein solcher suchet einen Trunck Waffer, er findet endlich eine Cystern mit Waffer angefüllet, darauß kan er ihme zwar nach Genügen den Durst löschen, es ist aber nicht genug, daß er glaube, die Cystern seye voll Waffer, sondern er muß Hand anlegen, und das Waffer mit Mühe und Arbeit schöpfen, alsdann wird er den Durst vertreiben; Also ist es auch nicht genug, daß wir die Verdienst Christi bloß wissen und glauben, sondern wir müssen auch uns solcher durch Bußwerck theilhafftig machen. Und ist difes gar billich, damit wir als geistliche Glider Christo unserem Haubt gleichförmig werden. Bleibt also wahr, daß wir eintwebers in difer oder jener Welt unsere Sünd und Laster mit Buß-Wercken bezahlen und außlöschen müssen. Und bleibet denen Ketzeren, weil sie das Fegfeuer laugnen, nichts anderes über, als die Höll, allwo sie mit ihren Wolffs-Zähnen in Ewigkeit klapperen werden.

§. VII.

1. WAs solt ich anjetzto sagen, wie grausam bise reiffende Wölff die streitende Kirch GOttes anfallen? wie hart verfahren sie sowohl mit Worten als Schrifften wider dero sichtbares Haubt den Statthalter Christi, und Römischen Bischoff? wie verkleineren sie dessen von Christo erhaltenen Gewalt? wie schmähen sie den Kirchen-Schatz der Ablaffen? indem doch Christus selbst zu Petrum gesagt: *Matth. 16.* Dir will ich geben die Schlüffel zum Himmelreich/ alles was du binden wirst auf Erden/ soll auch gebunden seyn in Himmel/ und alles was du lösen wirst auf Erden/ soll auch aufgelöset seyn in Himmel. So kunte dann Petrus auch von der Straff loßsprechen, kunte es aber Petrus, warumb

umb nicht auch seine Nachfolger in dem Römischen Stuhl? Zudem, hat nicht Paulus einem Corinther, der ein Blut-Schand begangen, die Buß und Straff durch Indulgentz, oder Ablaß nachgelassen? Leset nur das erste Send-Schreiben zun Corinthern am fünfften Capitl, und das anderte am anderten Capitl, so werdet ihr es klar finden. Und disen Ablaß-Schatz verfluchen die Ketzer? seynd also nicht würdig, daß sie der Verdiensten Christi, und der Genugthuungen der Heiligen theilhafftig werden. Aber ich will von disen nicht mehrers melden, eines ist, so ich nicht umbgehen kan, daß nemlich dise reissende Wölff die streitende Kirchen umb ihre Krafften, Gewehr und Waffen zu bringen trachten, da sie die heilige Sacrament verminderen, und außreuten, das heilige Meß-Opfer zu einer Abgötterey machen, den Sacramentalischen GOTT laugnen, die Mittheilung unter einer Gestalt verwerffen und verdammen wollen. O wie übel haben dise Unthier gehauset mit den heiligen Tauff-Wasser, mit den Chrysam, und von dem Bischoff geweyhten Oel, ja so gar mit denen consecrirten Hostien? und dises alles der Catholischen Kirchen zu Trutz, Hohn und Spott. Aber ich frage, mit was Fug und Recht thun sie dises, und zwar erstlich in disen Absatz zu reden von den heiligen Sacramenten, warumen verminderen sie die Zahl derselben? Sie sagen, weil in der Schrifft nichts stehet, daß siben Sacrament seynd. O ihr tumme Wölff! wo stehts dann geschriben, daß ein oder zwey, oder drey Sacrament seynd? Nirgends: und dannoch lasset ihr bald ein, bald zwey, bald drey zu, wurdet also nach eurer falschen Lehr vil besser thun, wann ihr gar keines zuliesset. Recht also ist beschaffen die Catholische Christenheit, welche, wann die Schrifft dunckel und hart zuverstehen ist, sich auf die Tradition, und Erb-Lehr beruffet, und es bey dem Außspruch der Kirchen beruhen lasset: Nun aber können uns die Glaubens-Gegnere in keiner Histori beweisen, daß die Rö-

mi-

mische Kirch einmal mehrer oder weniger Sacrament geglaubt habe, als siben; Also ist es ein gewisses Zeichen, daß dise Lehr von denen Aposteln herkomme, welche sie von Christo selbsten empfangen haben.

2. Damit ihr aber, liebste Freund, sehet, wie falsch die Ketzer abermal vorgeben, als hätten die siben heilige Sacrament keinen Grund in der Göttlichen Schrifft, will ich euch dises kürtzlich, jedoch genugsam, darthun. Zuvor aber müsset ihr wohl mercken, daß jenes ein wahres Sacrament seye, welches als ein sichtbares äusserliches Zeichen von GOTT derentwegen ist eingesetzet worden, daß wir darburch die Gnad GOttes, und innerliche Heiligung empfangen. Wann nun siben solche Zeichen in heiliger Schrifft gefunden werden, welche uns heiligen, und von Sünden erledigen, so folget nothwendig, daß siben heilige Sacrament seynd. So lasset uns dann sehen, ob nicht klar genug solche zu finden seyen. Und zwar von dem heiligen Tauff und Abendmahl lasset sich nicht zweifflen, dann es bekennen die Ketzer selbsten dise als von GOTT eingesetzte Sacrament. So kommet es dann an die andere fünff, nemlich an die Firmung, Buß, letzte Oelung, Priester-Weyhe, und Ehe.

3. Was kunte aber für die Firmung klarers gefunden werden, als eben die heilige Schrifft? In denen Apostel-Geschichten wird erzehlet, daß die Apostel, nachdem sie gehöret, daß die Samaritaner das Wort GOttes, und den Tauff angenommen haben, zu ihnen gereiset, die Händ auf sie geleget, und den Heiligen Geist mitgetheilet haben. Wiederumben in eben selben Geschichten ist verzeichnet, daß Paulus zu Epheso vil tauffte, und nach solchen ihnen die Händ auflegte, wordurch der Heilige Geist über sie kam. Nun frag ich, ob dann dises Händs-auflegen kein heiliges Sacrament seye gewesen? ware es dann nicht ein sichtbarliches Zeichen? wurde nicht darburch die Gnad und Heiligung ver-

Cap. 8.

Cap. 19.

liehen? Und woher hat dise Hand=Auflegung ihre Würckung genommen, als eben durch JEsum Christum? Was gehet dann ab, daß dise Hand=Auflegung ein heiliges Sacrament seye? Nun aber ist es nicht das Sacrament deß Tauffs, dann es wurden denen schon geaufften die Händ der Bischöff aufgeleget: so ist es auch nicht das Abendmahl, wie für sich selbsten erhellet; also folget, daß es ein anderes Sacrament seyn müsse, welches die Kirch allzeit Firmung genennet hat. Sovil von der heiligen Schrifft. Was sagt uns aber das Alterthum? Vernehmet einen heiligen Clement von Alexandria, welcher umb das Jahr Christi achtzig gelebet hat, diser

Epistola 4. schreibet also: Alle sollen ihnen höchst angelegen seyn lassen/ daß sie in GOTT wider gebohren alsdann von denen Bischöffen bezeichnet werden/ auf daß sie die sibenfache Gnad deß Heiligen Geists überkommen/ weilen keiner anderst ein vollkommener Christ seyn kan/ wie wir vom heiligen Petro seynd berichtet worden/ und auch die andere heilige Apostel auß Befehl Christi gelehret haben. Was soll ich da anderes wüntschen, als daß die Ketzer von dem bösen Feind in ihren Affter=Glauben nicht gefirmet oder bekräfftiget (dann Firmung heißt eine Bekräfftigung) wären, damit sie endlich der Warheit Statt und Platz geben kunten.

4. Nicht minder ist das heilige Sacrament der Buß in heiliger Schrifft zu finden; dann was kunte klarers seyn, als da Christus denen Aposteln, und ihren Nachfolgeren den Gewalt gegeben, die Sünden nachzulassen allen den jenigen, so ihre Missethaten mit reumüthigen Hertzen erkennen und be-
Joan. 20. kennen, sagende: Nehmet hin den Heiligen Geist/ welchen ihr die Sünd vergebet/ denen seynd sie vergeben/ und welchen ihr sie behaltet/ denen seynd sie behalten? Soll dann dise Nachlassung der Sünden kein heiliges Sacrament seyn? Was gehet dann ab? Ist dann die reumüthige Beicht und Bekanntnuß, item die Absolution, oder Loßsprechung kein

äusserliches Zeichen? Geschihet dann die Vergebung der Sünden ohne Mittheilung der Gnad Gottes? Und wer will zweifflen, daß dises von Christo herkomme? Darauß aber nothwendig folget, daß die Buß, oder Nachlassung der Sünd ein wahres Sacrament seyn müsse; Dahero gar billich der heilige Vatter Augustin schreibet: Der Tauff/ und die Ver= *Lib. 1. de* söhnung seynd gleich nothwendig/ darumben dann die *adult. con-* Menschen recht verlangen/ ohne dise heilige Sacramenten *jug. cap. 26.* nicht von diser Welt zu scheyden. Wann dann die Ketzer *§ 28.* dises heilige Sacrament laugnen, was thun sie anderes, als das Mittl und den Weeg, durch welchen sie zur Vereinigung der Kirchen, und GOttes gelangen können, ihnen selbsten ab=schneiden.

5. Villeicht aber ist von dem heiligen Sacrament der letzten Oelung in Göttlicher Schrifft nichts zu finden? Was sagt dann der Apostel Jacobus in seiner Epistel? vernehmet seine Wort: Ist jemand kranck unter euch/ der ruffe zu sich *Cap. 5.* die Priester/ und lasse sie über sich betten/ und sich salben mit dem Oel im Namen deß HErrn/ und das Gebett deß Glaubens wird den Krancken helffen/ und der HErr wird ihn erleichteren/ und so er gesündiget hat/ werden ihm die Sünd vergeben werden. Was kunte klarers seyn? dann allda sehen wir abermal das äusserliche Zeichen, nemlich die Oel=oder Salbung, den Befehl Christi, so Er durch seinen Apostel an uns ergehen lassen, und die Nachlassung der Sün=den, welche durch das Gebett, und heilige Oelung geschihet. Warumb wollen sie dann dises heilige Sacrament nicht er=kennen? Ich weiß zwar wohl, daß einige auß denen Neulin=gen dise Epistel vor kein Göttliche Schrifft erkennen: allein mit was vor einem Recht? Stehet es dann in eines jedwe=deren Gewalt, die Bücher heiliger Schrifft anzunehmen, oder zuverwerffen? Ist dann erlaubt, dem geehrten Alterthum, der Zusammenstimmung der heiligen Vätteren, dem Auß=

G 3 spruch

spruch der Kirchen zuwider seyn? Nun aber ist dise Epistel von Alters her, von denen heiligen Vätteren, von der Griechisch= und Lateinischen Kirchen als ein wahres Wort Gottes allzeit beglaubet worden: Was wollen dann dise Polder= Geister solche verwerffen? Andere Ketzer, weilen sie von der Warheit überwisen seynd, lassen dise Epistel zwar zu als eine Göttliche Schrifft, allein sie legen solche übel auß, und sagen, daß der Apostel alldorten nur handle von der Gnad gesund zu machen, welche denen Aposteln zu ihren Zeiten ist gegeben worden, anjetzt aber nicht mehr vonnöthen ist. Allein dises ist eine falsche Außlegung. Dann wann der Apostel geredt hätte von der Gaab Wunder zu würcken, warumb sagt er dann, man solle die Priester beruffen? Ist dann Wunder zu würcken nur denen Priesteren gegeben worden? Zudem, hatten die Apostel das Oel nicht vonnöthen, denen Krancken die Gesundheit mitzutheilen, warumb bestimmet dann der Apostel das Oel? Weiters ist die Gaab, Miracul zu würcken, von GOTT gegeben worden nur zum Heyl deß Leibs: warumb sagt dann der Apostel, daß durch die Oelung die Sünden vergeben werden? Sehet, wie sauber die Außlegung der Ketzer bestehe, nemlich wie der Butter an der Sonnen, und werden sich einsmal, aber zu spat, dise falsche Lehrer beklagen: Oleum & operam perdidimus: Wir haben Oel und Mühe verlohren/ das ist, wir haben uns umbsonst, und zu unserem grösten Schaden bemühet, die Kirch GOttes anzufallen.

6. Was anbelanget das Sacrament der Priester Weyhe/ haben wir ebenfalls schrifftliche Zeugnuß. Der

2. ad Tim. 1. Apostel ermahnet seinen Timotheum, daß er die Gnad Gottes erwecke, welche ihm ist mitgetheilet worden durch Auflegung seiner Händ. Widerumben sagt er zu ihn: Versaume
1. ad Tim. 4. nicht die Gnad/ welche in dir ist/ und dir durch die Prophezey mit Auflegung der Händ deß Priesterthums ist ge=
ge=

geben worden. Nicht minder wissen wir auß den Geschich=
ten der Aposteln, daß Saulus und Barnabas durch Aufle= *Actor. 13.*
gung der Händ zu den Kirchen=Dienst seynd geordnet wor=
den. Ja Christus der HErr hat die Apostel selbsten durch
Anblasung zu vollkommenen Priesteren geweyhet, wie Jo=
hannes am 20ten Capitl bezeuget. Nun mach ich abermal
das Argument: Wo das äusserliche Zeichen, die Göttliche
Gnad, und die Einsetzung Christi ist, da ist auch ein heiliges
Sacrament: Dise Stuck aber werden gefunden in der Prie=
ster=Weyhe; so ist dann dise ein heiliges Sacrament. Das
äusserliche Zeichen ist die Hand=Auflegung der Bischöffen,
durch welche angedeutet wird die Völle deß Heiligen Geistes,
und seine Beschützung, wie außtrucklich lehret der heilige Dio=
nysius von Areopago. Das Herkommen gründet sich auf *Eccles. Hier.*
Christum, welcher sowohl bey dem letzten Abendmahl, als *cap. 5.*
auch bey obbemeldtem Johanne dises heilige Sacrament ein=
gesetzet. Bleibt also wahr, daß die Priester=Weyhe ein hei=
liges Sacrament seye. Dise Warheit bekräfftige ich mit dem
unumstößlichen Alterthum, und zwar meines heiligen Vat=
ters Augustin, der also saget: Sagen sie uns/ warumb das *Lib. 2. con-*
Sacrament deß Tauffs nicht könne außgelöschet/ und ver= *tra Parmen.*
lohren werden/ und das Sacrament der Ordnung/ oder *cap. 13.*
Priester=Weyhe soll können verlohren werden? dann
wann alle zwey ein Sacrament seynd/ an dem niemand
zweifflet/ wie solle jenes verbleiben/ und dises außgelöschet
werden? Mercken wol unsere Gegnere die Wort Augusti=
ni, daß niemand zu seiner Zeit (wo sie doch selbsten sagen, daß
die Römische Kirch die wahre Kirch gewesen seye) gezweiff=
let habe, daß die Priester=Weyhe ein heiliges Sacrament
seye. Warum verwerffen sie dann solche? Gewißlich umb
keiner anderer Ursach willen, als weilen sie keine Bischöff ha=
ben, welche sie zu Priester weyhen kunten. Sie sagen zwar,
alle Christen werden in den heiligen Tauff zu Priester gewey=
het,

het, mithin habe es keiner anderen Weyhe vonnöthen. Wann diſes wahr wäre, hätte es nicht vonnöthen gehabt, daß die Apoſtel ihre Händ aufflegten, und dardurch den Heiligen Geiſt mittheilten, warumb haben ſie dann diſes gethan? Zudem, hat auch Chriſtus nicht umbſonſt die Jünger angeblaſen, und ihnen den Heiligen Geiſt gegeben, dann Er wolte durch diſes äuſſerliche Zeichen andeuten, welche von Ihne zu dem Prieſterthum verordnet ſeynd. Iſt alſo nicht genug zu dem Prieſterthum, daß einer getaufft ſeye, ſondern er muß ordentlich, *Hebræor. 5.* gleichwie Aaron, beruffen werden. Und ſofern ſich einer wolte mit Gewalt, oder durch weltliche Obrigkeit eintringen, der wäre kein Prieſter, ſondern ein Dieb, Mördter, und reiſſender Wolff, weilen er nicht eingienge durch die rechte Thür; Derohalben wann der heilige Petrus ſaget: Wir als Chriſten *1. Epiſt. 2.* ſeynd das Königliche Prieſterthum, verſtehet er ſolches nur von dem innerlichen, Krafft deſſen wir unſere Leiber durch Abtödtung GOTT aufopferen ſollen, nicht aber von dem äuſſerlichen Prieſterthum, Krafft deſſen wir die Kirchen-Sachen zuverwalten geſetzet werden. O wolte GOTT! es wären unſere Glaubens-Feind rechte innerliche Prieſter, welche ihren Willen und Verſtand GOTT, und ſeiner wahren Kirchen aufopferten, ſo wurde alsdann das äuſſerliche Prieſterthum ihnen auch nicht manglen.

7. Endlich haben wir außtrucklich in heiliger Schrifft, daß der Ehe-Stand ein heiliges Sacrament ſeye. Der heilige Paulus, da er die Ehe-Männer ermahnte, daß ſie ihre Ehe-Weiber lieben ſolten, gibet ihnen das Beyſpil Chriſti, welcher ſeine Kirchen ſo zart liebet; Darumben ſaget er: Die *ad Epheſ. 5.* Ehe-Verbindnuß ſeye ein groſſes Sacrament, weilen ſie ein Zeichen iſt der Verbindnuß Chriſti mit ſeiner Braut der Kirchen. Nun aber iſt gewiß, daß Chriſtus durch ſeine Gnad mit der Kirchen verbunden ſeye: Wann dann der Ehe-Stand ein Zeichen der Göttlichen Lieb und Gnad, welche in die

die Kirchen von Christo flieſſet; ſo participiret er dann auch von ſolcher Gnad, mithin wird er billich von dem Apoſtel ein heiliges Sacrament genennet. Weiters meldet der Apoſtel: 1.ad Tim 2. Ein Weib wird ſeelig werden durch Kinder-gebåhren/ wann ſie bleiben wird in der Treu/ in der Lieb/ und in der Heiligung. Sehet da die drey Haubtſtuck deß Ehe-Stands, nemlich die Treu, oder Beharrlichkeit, die Lieb, und die Heiligung, ſo geſchihet durch die Gnad GOttes; Darumben gar recht ein heiliger Auguſtin, ſchon oben angezohen, ſaget: Es ſeye vilmehr gelegen an der Heiligkeit deß Sacraments/ als an Fruchtbarkeit deß Leibs. Weilen dann auch bey dem Ehe-Stand gefunden werden die zu einem Heil. Sacrament nothwendige Stuck, nemlich das åuſſerliche Zeichen, welches beſtehet in den offentlichen zuſammſtimmenden Willen Mann und Weibs: anderteens, die Gottliche Gnad, wie wir auß den Apoſtel erwiſen: drittens, die Einſetzung, welche durch Chriſtum geſchehen iſt mit jenen Worten: Was GOTT zuſammen gefüget/ das ſoll der Menſch nicht ſcheyden; alſo folget, daß es auch ein heiliges Sacrament ieberzeit müſſe beglaubet werden. Ich weiß zwar wohl, daß der Ehe-Stand, welchen Luther, und die von ihm verführt-abtrünnige Mönch und Pfaffen angetretten, kein Sacrament habe ſeyn können, ſondern ein Sacrilegiſche Beywohnung geweſen ſene, ſo bewundert mich aber, daß die jenige, ſo fåhig ſeynd ſich zuverheyrathen, diſes groſſe Werck, deſſen Burd zu übertragen freylich die Gnad GOttes vonnöthen iſt, für kein Sacrament erkennen wollen. Womit ſie aber an Tag legen, daß ſie der Gnad GOttes, und dem Heiligen Geiſt mit Fleiß zuwider ſeynd. Und diſes kürtzlich von den heiligen Sacramenten. Matth. 19.

§. VIII.

1. Gleichwie ſie aber mit denen heiligen Sacramenten umgehen, alſo wird auch von ihnen das heilige Meß-

Opfer gehalten. Grosser GOTT! was Schmach, und Läster-Wort stossen sie auß ihren Rachen wider dises heilige Opfer? Es wird von ihnen genennet der árgiste Greuel, ein abscheuliche Abgötterey, ja ein Erfindung beß Teuffels. Ihr, liebste Freund, ereyferet derenthalben nicht, sondern lasset uns sehen, mit was vor einen Grund sie die heilige Meß also lästeren. Ist dann in heiliger Schrifft nichts darvon zu finden? Man darff nicht lang suchen, so findet man in dem *ad Hebr.13.* neuen Gesatz das heilige Opfer zimlich klar. Paulus saget: Wir haben einen Altar/ von welchen nicht Gewalt haben zu essen/ die dem Tabernacul dienen. Item an einem an-
1.Cor.10. deren Orth beschreibet der Apostel drey Altár, erstlich der Juden/ wann er saget: Sehet an Israel nach dem Fleisch/ welche die Opfer essen/ seynd die nicht in der Gemeinschafft deß Altars? Zum anderen der Heyden/ wann er saget: daß die Heyden was sie opferen/ das opferen sie dem Teuffel/ und nicht GOTT. Zum dritten der Christen/ wann er saget: Ihr könnet nicht zugleich theilhafftig seyn deß Tisch deß HErrns/ und deß Tisch der Teufflen. So ist dann laut Göttlich-heiliger Schrifft in dem neuen Gesatz ein Altar: wo aber ein Altar ist, da muß nothwendig auch ein Opfer seyn; dann zu was diente sonst der Altar, wann man nicht darauf opferen kunte? Sehet aber weiter, wie der Apostel in letzt-angezogener Epistel auch deß Opfers gedencke, er sagt also: Der gesegnete Kelch/ ist das nicht die Gemeinschafft deß Bluts Christi? Und das Brod/ das wir brechen/ ist das nicht die Gemeinschafft deß Leibs deß HErrns? Was kunte klarers für das Göttliche Meß-Opfer gesagt werden?

2. Ja was kunte der Vernunfft mehrers gemäß seyn, als daß wir GOTT dem HErrn ein dusserliches Opfer bringen? Dannenhero bey allen Nationen, und sowohl wahr-als falschen Religionen zu allen Zeiten ist geopferet worden. Und wir Rechtglaubige sollen kein Opfer haben? Es sagen zwar
die

die Ketzer, das Creutz-Opfer, so Christus verrichtet, seye schon genug, und mithin kein anderes mehr vonnöthen. Aber diß ist ein falsche Außflucht; dann erstlichen ist das blutige Creutz-Opfer nicht allein ein Opfer deß neuen Gesatzes, sonderen auch deß natürlich- und Mosaischen, weilen Er dardurch für die Sünden aller Menschen sich geopferet hat, und dannoch ist sowohl in dem natürlich- als geschribenen, oder Mosaischen Gesatz GOTT dem HErrn geopferet worden. Warum soll dann nicht auch in dem Evangelischen Gesatz ein Opfer seyn, Krafft dessen wir uns deß Creutz-Opfers theilhafftig machen? Andertens wird Christus, nach Lehr Pauli, recht genennet ein Priester in Ewigkeit nach der Ordnung *ad Hebr. 7.* Melchisedech/ wann aber Christus ein Priester ist in Ewigkeit/ so muß nothwendig auch ein Opfer seyn in Ewigkeit: Nun aber ist das blutige Creutz-Opfer nur einmal geopferet, schon vorbey; muß also ein anderes Opfer seyn, welches Christus durch seine Priester opferet biß zum End der Welt. Drittens wird Christus nicht umbsonst genennet ein Priester nach der Ordnung Melchisedech: worduch unser heiliges Opfer klar angedeutet wird; massen Melchisedech in Wein und Brod/ und nicht in Thier-Blut, wie Aaron, geopferet hat, wie zu sehen Genesis 14. Ist dann Christus ein Priester nach der Ordnung und Weiß Melchisedech, so ist Er solcher vermög seines heiligen Opfers, welches Er nach dem letzten Abendmahl verrichtet hat, da Er das Brod in sein heiliges Fleisch, und den Wein in sein heiliges Blut verwandlet hat, mit außtrucklichem Befehl, seine Apostel sollen auch solches thun (welches sovil ist, als opferen) zu seiner Gedächtnuß. Da sehet ihr nun abermal, liebste Freund, wie schön die Schrifft das unblutige Altars-Opfer anzeige, wie unwahrhafft entgegen Gottslästerlich, ärgerlich die Ketzer solches verwerffen. Allein es werden auf dise grimmige Wölff die Mauren und Stein der schon vor 1700. Jahren aufgerichteten Kir-

H 2

chen

(60)

chen und Altären (allwo allzeit das unblutige Opfer ist geopferet worden) fallen, und ihre harte Köpf zerquetschen.

§. IX.

1. ES ruffet aber bey denen Ketzeren ein Abgrund dem anderen, und bietet ein Fehler dem anderen die Hand. Derowegen weilen sie das heilige Meß-Opfer laugnen, also laugnen sie auch die weesentliche Gegenwart Christi unter den Sacramentalischen Gestalten Brods und Weins, und schelten uns Römisch-Catholische, als seyen wir Abgötterer, wann wir die von dem Priester gesegnete Hosti in denen Processionen herumbtragen, auch solche in dem Tabernacul anbetten. Aber dardurch beschimpfen sie nicht allein die Kirchen GOttes, sonderen Christum den Heyland selbsten, welcher seinen

Math. 28. Jüngeren versprochen: daß Er alle Tag biß zum Untergang der Welt bey ihnen seyn werde/ so eigenthumlich im heiligen Altars-Sacrament geschihet. Ferners sagt Christus

Math. 26. außtrucklich: Das ist mein Leib/ welcher für euch wird gegeben: das ist mein Blut/ welches für euch wird vergossen werden. Hören die Calvinisten, Christus sagt nicht: Dises bedeutet meinen Leib/ sonderen: Dises ist mein Leib. Warumb halten sie dann zur grösten Unehr Christi darvor, als seye nach der Priesterlichen Consecration, oder Wandlung der wahre Leib und Blut Christi JESU nicht zugegen? Ich sage zur grösten Unehr Christi ; dann dardurch beschuldigen sie Ihn, als hätte Er etwas versprochen, so Er doch nicht gehalten hat. Versprochen hat Er, daß Er uns sein Fleisch zur Speiß, sein Blut zum Tranck hinterlassen wolle, sagende:

Joan. 6. Mein Fleisch ist warhafftig ein Speiß/ mein Blut ist warhafftig ein Tranck. Wann dann das heilige Abendmahl nur ein Zeichen, und Bedeutnuß wäre seines heiligen Leibs und Bluts, so wäre das Versprechen Christi falsch, und unwahr. Nehmet eine Gleichnuß: Wann ein Vatter seinen Söhnen
nach

nach seinem Todt ein Stuck Gold versprechete, an statt aber deß Golds ein Papier, darauf das Stuck Gold nur abgerissen und angedeutet wäre, hinterlassete, wer solte nicht sagen, daß ein solcher Vatter eintweders ein närrisch- oder aber lugenhaffter Mann wäre? Weilen aber dise Laster wider die Weißheit und Gütigkeit Christi seynd, so folget, daß die jenige thorrechte Menschen seyn müssen, welche das Testament Christi nur zu einer Bedeutnuß machen.

2. Nicht minder klar seynd die Wort Pauli: Derowegen wer unwürdig diß Brod essen/ und den Kelch deß HErrns trincken wird/ der wird schuldig seyn an den Leib und Blut deß HErrns. Wie soll einer aber schuldig seyn deß Leibs und Bluts deß HErrns, wann er den wahren Leib und Blut nicht geniesset? sonderen nur die Bedeutnuß darvon? Fürwahr die Calvinisten wurden denjenigen, welcher die Bildnuß deß gecreutzigten Christi verspeyete, oder auf andere Weiß übel tractirte, keiner Missethat beschuldigen, obwohl die Bildnuß Christi ein Bedeutnuß und Zeichen ist desselben. Warumb soll dann einer schuldig seyn deß Leibs und Bluts Christi, so er unwürdig geniesset, wann in dem Altar-Sacrament der wahre Leib und Blut nicht wäre? Ist also dises ein greuliche Ketzerey, welche von der beständigen Kirchen-Lehr, von denen alt- und neuen Concilien, oder Versammlungen, von der einhelligen Lehr der heiligen Vätteren aufs höchst ist verdammet worden. Wann aber dise Ketzer uns vorwerffen, es seye eine Unmöglichkeit, daß ein gantzer Leib unter so kleinen Particklen seyn könne, so antworten wir darauf, daß solches zwar uns Menschen, nicht aber GOTT unmöglich seye, dessen Wort kräfftig genug seyn, solches außzuwürcken; dann hat Er durch ein einiges Wort Himmel und Erden auß Nichts können hervorbringen; hat Er seine Gottheit verbergen können unter der Menschlichen Natur, warumb sollen wir sagen, Er wäre nicht mächtig, das Brod und

1.Cor.11.

den Wein zuverwandlen in sein heiliges Fleisch und Blut? ja kan ein kleiner Aug=Apfel einen grossen Berg natürlicher Weiß in sich schliessen, warumb nicht auch ein kleiner Particul den heiligen Leib Christi auf übernatürliche Weiß? Allein die Ketzer geben abermal an Tag, daß sie nur alles nach ihren blöden Verstand abzumessen pflegen, mithin aber keinen rechten Glauben haben.

3. Was anbelanget die Lutheraner, lassen sie zwar den Leib Christi warhafftig zu, aber erst in der Niessung. Dann sie sagen, weilen Christus das Abendmahl habe eingesetzet als ein Speiß der Seelen, so komme der Leib Christi erst alsdann zum Brod, wann einer solches mit kräfftigen Glauben geniesset. Quasi verò als wann ein Brod erst müsse in den Schlund zu einem Brod gemacht werden. Warumb solle dann der Leib Christi erst dazumal werden, wann er genossen wird? Hören die Lutheraner die klare Wort Christi: Dises ist mein Leib. Er sagt nicht: Dises wird mein Leib in der Niessung seyn. Weiters frage ich, hat Christus die Wort außgesprochen, ehe und bevor die Apostel das Brod und den Wein in den Mund genommen, oder hat Er sie erst außgesprochen, wie sie solchen schon in Mund gehabt? Antworten sie das erstere; so ist ja klar, daß vor der Niessung der wahre Leib und Blut zugegen ware; dann Christus sonsten falsch gesagt hätte, daß dises sein Fleisch und Blut seye. Antworten sie aber das anderte; so folget, daß alle Apostel zugleich mit den Brod in das Maul müssen gefahren seyn, und alle zugleich auß einen Kelch getruncken müssen haben, ja sie haben alle zugleich keuen und schlinden müssen; dann Christus hat nur einmal dise Wort außgesprochen: Dises ist mein Leib ꝛc. Wie lächerlich soll aber dises seyn? will nicht sagen, daß nichts dergleichen in der heiligen Schrifft gefunden wird.

4. Es sagen zwar unsere Glaubens=Gegnere, daß Christus das Brod geseegnet, gebrochen, und denen Aposteln außge=

getheilet habe, mit Befelch, sie sollen solches essen, darauf Er
erst gesagt: Dises ist mein Leib ꝛc. Aber was folget dar=
auß? Stehet dann eine einzige Sylben in der Heil. Schrifft,
daß sie solches genossen haben, ehe Christus dise Wort außge=
sprochen? Weiter: Wann ich zu einem Lutheraner sagte:
Nimm hin/ und isse/ das ist ein gute Bratt=Wurst/ wur=
de dann die Bratt=Wurst erst in der Niessung zu einer Bratt=
Wurst? Auf keine Weiß; dann damit er ein Bratt=Wurst
geniessen kunte, ist vonnöthen, daß sie vor der Niessung ein
solche seye. Also auch, Christus hat versprochen, Er wolle
sein heiliges Fleisch und Blut zu einer Speiß uns hinterlassen,
und aufsetzen, so ist dann vonnöthen, daß ehe wir solche ge=
niessen, schon Fleisch und Blut seyn müsse. Wann dann vor
der Niessung der heilige Leib Christi schon zugegen ist, so dörf=
fen wir billich in denen Tabernacklen (allwo wir solches hei=
lige Sacrament für die Krancke und Andächtige, nach dem
Exempel der alten Kirchen, aufbehalten) selben verehren und
anbetten. Ja wir werden nicht nachlassen mit denen Sera=
phinen vor solchen niderzuknyen, und zu singen: Heilig/ Hei= *Isaie 6.*
lig/ heilig ist der HErr ein GOTT der Heerschaaren/ dann
die gantze Erden ist seiner Herrlichkeit voll. Mögen gleich=
wol die Ketzer mit ihren ungeseegneten Brod und Wein ihr
Wambsten anfüllen, und vor Raserey zerbörsten.

§. X.

1. NOch einen Zahn, liebste Freund, wollen wir unseren
Wölffen außbrechen, mit welchen sie sich an der Rö=
mischen Kirchen verbeissen, da sie solche beschuldigen, als wäre
sie eine Stieff=Mutter, so ihren Kindern das Brod nicht recht
mittheilte, indeme sie ihnen das Abendmahl nur unter einer
Gestalt reichet. Aber lasset uns sehen, wie unbillich die Ketzer
benannte Kirch so schändlich betitlen. Dann erstlich weiß man
von keinen Catholischen, der innerhalb der ersten 1400. Jahren
ge=

gelehret hätte, daß die Niessung beyder Gestalten von GOtt seye gebotten worden, sondern es ist der Kirchen allzeit frey gestanden, ob sie ihren Glaubigen das Abendmahl unter einer, oder zwey Gestalten, nachdem es die Gelegenheit und Noth erforderte, mittheilen wollen, biß endlich ein Nasenwitziger Schulmeister zu Prag, mit Namen Petrus Dresdius,

Joan. 6. sich hervorgethan, und auß den Worten Christi: Wer mein Fleisch isset/ und mein Blut trincket/ der hat das ewige Leben/ ein Gebott gemacht, Krafft dessen nicht allein die Priester, sonderen auch die Layen das Abendmahl unter beyden Gestalten zu geniessen verbunden seynd. Disem Petro stimte bald darauf bey Johannes Huß, und in dem fünffzehenden Sæculo Luther und Calvin, nicht zwar zur Steuer der Warheit, sondern zur Beschimpf- und Schmähung der wahren

De formula Kirch GOttes; also saget Luther selbsten: Ich sage noch
Missæ. weiter/ im Fall das Concilium, oder geistliche Versammlung das Abendmahl unter zweyen Gestalten solte zulassen/ oder gebieten/ wolten wir die erste seyn/ welche die zwey Gestalten nicht annehmeten/ ja wir wolten alsdann eintweders nur eine/ oder gar keine Gestalt zum Bischimpf und Spott deß Concilii, geniessen. Da sehen wir, auß was vor einen Geist Luther denen Layen die zwey Gestalten vorgeschriben habe, nemlich auß seinen eignen tollsinnigen Hoffarts-Geist.

2. Weit einen anderen Geist hat die Römische Kirch, welche von Christo regieret wird. Von disen lehrnet sie, daß ein Gestalt genugsam seye, das Leben der Seelen zu geben. Dann er dreymal bey Johanne am 6. Capitl das Leben verspricht den jenigen, der das Brod essen wird. Vernehmet die
v. 52. Wort Christi: Wann einer essen wird von disem Brod/ wird ewig leben. Andertens: Das Brod/ das ich geben werde/ ist mein Fleisch für das Leben der Welt. Drittens:
v. 59. Wer diß Brod isset/ der wird leben in Ewigkeit. Sehet,

da

da redet Christus nur von einer Gestalt, und saget, daß durch
dise das Leben genossen werde; so ist ja nach dem Außspruch
Christi selbsten zu dem ewigen Leben nicht nothwendig, daß
man unter zweyen Gestalten sein heiligen Leib und Blut ge-
niesse. Wann dann Christus sagt: Wann ihr nicht wer- Joan.6.
det essen das Fleisch deß Menschen Sohns/ und sein Blut
trincken/ werdet ihr das Leben nicht in euch haben. Item:
Wer mein Fleisch isset/ und mein Blut trincket/ der hat
das ewige Leben. Item: Der mein Fleisch isset/ und mein
Blut trincket/ der bleibt in mir/ und ich in ihm/ ist dises
nicht zuverstehen, daß man das heilige Blut auf ein beson-
dere Weiß unter der Gestalt deß Weins geniessen solle, sonderen man solle das Fleisch und Blut Christi geniessen, es mag
darnach geschehen auf was vor eine Weiß es wolle : Nun
aber ist gewiß, daß unter der Gestalt deß Brods nicht allein
enthalten seye der Leib, sonderen auch das Blut Christi, weilen der Leib Christi gantz, lebhafft, und glorreich, wie Er in
den Himmel ist, unter der Gestalt deß Brods verborgen li-
get; so folgt dann, wann einer Christum unter der Gestalt
deß Brods geniesset, daß ein solcher auch geistlicher Weiß geträncket werde durch sein heiliges Blut. Dises dann ist das
Gebott Christi, man solle seinen heiligen Leib geniessen, es
mag darnach in einer Gestalt seyn, oder in zweyen, weilen in
einer so vil ist, als in zweyen. Dises noch besser zu erklä-
ren, gebrauch ich mich einer einfältigen Gleichnuß: Wann
ich zu einem ermüdeten Bauersmann sagte: Isse ein Brod,
und trincke darzu ein Milch, damit du die Krafften wider er-
hollest: ein solcher Bauer aber das Brod in die Milch brock-
te, und miteinander essete, wurde er meinem Rath nicht genug gethan haben? Freylich wohl; dann ob er das Brod
besonders essete, und die Milch trinckte, oder beyde miteinander geniessete, wäre es ein Ding, dann er geniessete dardurch
weder mehr, oder minder; Also ist es auch in dem heiligen
Abend-

Abendmahl, in einer Gestalt ist so vil, als in zweyen, so genießen wir dann in einer Gestalt alles, nemlich Fleisch und Blut, was uns Christus zu genieſſen befohlen hat.

3. Villeicht aber hat Christus die zwey Gestalten zu *Matth. 26.* genieſſen gebotten durch die Wort: Trincket alle darauß? Allein auß disen Worten laſſet sich kein Gebott schlieſſen, weilen solche Wort nicht zu allen Glaubigen, sondern nur zu den dazumal gegenwärtigen Apostlen, als geweyhten Priesteren, seynd gesprochen worden, wie auß dem heiligen Text klar zu ersehen ist, und Marcus außtrucklich angezeiget, da er schrei- *Marci 14.* bet: Und es haben alle darauß getruncken: Freylich ja nicht alle Glaubige, dann es war niemand zugegen, als die Apostel. Auß welchen zwar erhellet, daß ein jedtwederer Priester, so offt er opferet, unter zweyen Gestalten das Opfer genieſſen müſſe, nicht vermög deß heiligen Sacraments (welches in einer Gestalt genugsam vorhanden ist) sondern vermög deß heiligen Opfers, welches erforderet, daß durch das gleichsam abgesönderte Fleisch und Blut angezeigt werde das Leyden und Todt Christi deß HErrns. Es hat aber Christus zu denen Aposteln gesagt bey Luca am 22. Capitl: Das thut zu meiner Gedächtnuß, mithin hat Er ihnen gebotten, sie sollen sein Leib und Blüt unter den Gestalten Brods und Weins denen Glaubigen außtheilen, gleichwie Er ihnen gegeben hat. Allein da betrügen sich die Ketzer weit; dann sagen sie mir her, wann hat Christus dise Wort außgesprochen? hat Er solche nicht geredt, ehe und bevor Er den Kelch geseegnet, und denen Aposteln gereichet? Stoſſen sie ihre Nasen nur steiff in das Evangeli-Buch deß heiligen Lucæ, sie werden es nicht anderst finden. Zugleich aber werden sie erkennen müſſen, daß das Gebott nur antreffe die Außtheilung deß Leibs Chri- *1.2.!Corint.* sti unter einer Gestalt. Und ob zwar der Apostel besagte Wort *cap. 11.* auch nach dem Kelch widerholet, thut er doch solches mit Bedingnuß, nemlich wann wir darauß trincken, sollen wir trincken

cken zur Gedächtnuß Christi, gibt aber dardurch kein Gebott
zu trincken. Gleichwie wann dir einer einen goldenen Becher
schenckte, mit Bedingnuß, so offt du darauß trinckest, sollest du
auf seine Gesundheit trincken: ein solcher befelchete dir nicht,
auß den Kelch zu trincken, sondern sein Meynung wäre nur,
wann du trinckteſt, soltest du trincken auf seine Gesundheit.
Also ist bey Paulo kein Gebott zu trincken, sondern nur, wann
man darauß trincket, solle man solches thun zu Christi Gedächtnuß.

4. Wann dann kein Gebott Christi mit Grund kan auf-
gewisen werden, daß wir das Abendmahl unter beyden Gestalten genießen sollen, so thut ja die Catholische Kirch nicht
unrecht, wann sie selbes nur unter einer Gestalt auß wichti-
gen Ursachen denen Glaubigen darreichet? Ja es wunderet
mich sehr, daß die Ketzer die jetztmahlig-Römische Kirchen einer Grausamkeit beschuldigen wollen, als wann nur zu unseren Zeiten solcher Gebrauch gepfleget wurde, indem doch nur
gar zu gewiß, daß auch in der uralten Kirchen das Sacrament unter einer Gestalt ist außgetheilet worden. Schlagen
sie nur nach die Bücher der alten Geschicht-Schreiberen, und
heiligen Vätteren, sie werden darinnen finden, daß man die
Krancke nur mit der Gestalt deß Brods gespeiset habe: Finden werden sie, daß man denen unmündigen Kinderen nur die
Gestalt deß Weins mitgetheilet habe: Finden werden sie, daß
man unter der Gestalt deß Brods Christum nacher Hauß in
reinen Tüchlein getragen habe, damit man unter denen Verfolgungen allzeit mit der heiligen Weegzehrung versehen ware. Auß disen aber werden sie auch schliessen müssen, daß falsch
und unwahr seye, als hätte Christus gebotten, unter zweyen
Gestalten sein heiligen Leib zu nehmen; dann wann solches
Gebott von Christo wäre gesetzet worden, hätte die Kirchen
niemahls in keinen Fall dispensiren, und nur eine Gestalt geben können. Ach wolte GOTT! unsere Glaubens-Feind

J 2 keh-

kehreten zu der Schooß der wahren Mutter, sie wurden warhafftig gespeiset und geträncket werden von dem Leib und Blut ihres weiß- und rothen Gespons, da sie doch widrigen Falls mit ihren ungeseegneten Brod und Wein gleichwie die Wölff müssen Hunger leyden, und vor Durst der Seelen nach sterben.

5. Ich kunte euch, liebste Freund, noch vil von disen reissenden Wölffen schreiben, wie grausam sie auch GOTT selbsten anfallen, da sie vorgeben, er seye ein Ursach alles Ubels, weilen nicht wir, sondern GOTT die Sünd und Laster würcket: Er seye ein Thrann, dann sie sagen, Er erwähle nach seinem Belieben einige zum Himmel, andere aber ohne eigne Schuld zur Verdammnuß: Er seye ein ungerechter Gesatzgeber, dann sie lehren, wir können seine Gebott nicht halten, und erfüllen, und was dergleichen GOttslästerliche Lehren mehrer seynd. Allein wurde auß einen Brieff ein grosses Buch werden, wann ich ihre lästerliche Lehren solte beybringen, und könnet ihr auß dem, was ich euch bißhero geschriben, genugsam abnehmen, was vor eine Grausamkeit die Ketzerische Wölff in ihnen haben; Darumben ich euch nicht umsonst in Namen Christi ermahne: hütet euch von den falschen Propheten, welche zu euch kommen in Schaafs-Kleyderen, innenher aber reissende Wölff seynd, fliehet dero Gesellschafften, ja, wann ihr euch selbsten liebet, wann ihr eure Kinder und Kinds-Kinder recht versorgen wollet, verfolget sie; dann wann ein Wolff sich in der Nähend sehen lasset, sparret ihr keine Mühe, ihr haltet zusammen, damit ihr das gefrässige Thier eintweders verjaget, oder gar tödtet, und warum sollet ihr unter euch noch ferners leyden die rasende Ketzer-Wölff, welche so vil hundert, ja tausend Seelen auß eurer Freund-Verwandt-und Nachbarschafft so grausam gefangen, erwürget, und aufgefressen haben? Derowegen suchet sie auf, wo sie sich immer verbergen, machet sie offenbar euren geistlichen

See-

Seel-eyfrigen Hirten, und durch sonderbare Gnad, und Göttliche Providentz gesetzten Lands-Vatter, damit Er sie, vermög Seines grossen Hirten-Gewalts und Wachtbarkeit, auß dem lieben Vatterland verjagen, und solches von ferneren Schaden Vätterlich behüten möge.

Beschluß.

UNd dises ist, wessen ich euch, liebste Freund, treulich habe ermahnen wollen. Anjetzto stehet mir annoch bevor, daß ich euch auch tröste; darzu gebrauch ich mich der Wort Isaiæ, welche er zum Trost Jerusalems außgeruffen: Seyt getröst/ *Isa. 40. v. 1.* seyt getröst mein Volck/ dann alle Thäl sollen erhöhet/ und *v. 4.* alle Berg und Bühel sollen ernidriget werden: was krum ist/ das soll richtig werden/ und was ungleich und rauh ist/ das soll man zu ebnen Weeg machen. Sihe/ GOTT *v. 10.* der HErr wird in der Stärcke kommen/ sihe/ sein Belohnung ist bey Jhm/ und sein Werck ist vor Jhm. Er wird *v. 11.* seine Heerd weyden wie ein Hirt/ mit seinen Armb wird Er die Lämmer zusamen bringen/ und wird sie in sein Schooß aufnehmen/ die tragbare Schaaf wird Er selbst tragen. Das ist: Seyt getröst meine Freund, seyet getröst! ihr werdet erhöhet werden, die ihr zuvor gleichwie ein Thal in der Tieffe der Verachtung gelegen, dann der sich ernidriget/ *Lucæ 14.* wird erhöhet werden; Da herentgegen eure gewes̈te Ketzerische Nachbauren, so sich wie Berg und Bühel über euch erhebet, ernidriget, und in das größte Elend (wolte GOTT nur zeitliche) gestürtzet werden. Seyt getröst! der Glaubens-Weeg zum Himmel, welcher bey so vilen krumm und unrichtig war, laut jenen: Der Gottlose (Unglaubige) wan- *Psalm. 11.* deret rings herum: diser Weeg, sprich ich, wird nun gerad und richtig werden; dann die rauhe Stein, an welchen sich so mancher gestossen, werden nunmehro auß dem Weeg geraumet.

met. Seyt getröst! und förchtet die Betrohungen eurer feindseelig gewesten Mit=Bauren nicht; dann GOTT wird seine starcke Hand über euch außstrecken, euch vor aller Feind= seeligkeit bewahren zum Lohn eurer Treu: Er wird das Werck, so Er mit eignen Händen am Stammen deß heiligen Creutzes außgearbeitet, nemlich seine Kirchen, niemahlen verlassen, und obschon die Porten der Höllen wider solche sich aufleinen/ und streiten werden/ werden sie doch selbe nicht bemeisteren

Marci 16. können/ dann Er hat sie auf einen unüberwindlichen Felsen erbauet/ welches freylich von keiner anderen, als Römisch= Catholischen Kirchen, auf Petrum erbauet, mag bejaet wer= den. Seyt getröst, dann ob es zwar das Ansehen hat, daß die Schaaf zerstreuet worden, so ist doch nur gar zu gewiß, daß solches derentwegen geschehen, damit in dem lieben Land

Joan. 11. Saltzburg ein Hirt/ und ein Schaaf=Stall werde. Seyt demnach getröst, dann ihr seyet glückseelig, da euch der himm= lische Seelen=Hirt mit seinen barmhertzigen Armben zu seinen Schaafen versammlet, und auf seinen Achßlen als tragbare gehorsame Lämmlein zu seiner außerwählten Heerd getragen hat. Will sagen: Ihr seyet glückseelig, weilen euch die Gnad GOttes in dem wahren Glauben gebohren und erzohen, auch darinnen beständig hat lassen verharren. Glückseelig seyet ihr, daß ihr nicht auf Sand gebauet, sondern auf dem unerschütt= lichen Felsen der unverfälschten heiligen Schrifft, der unver= sehrten Erb=Lehr der Kirchen Gottes, der beständigen Glau= bens=Bekanntnuß der heiligen Vätteren; darumben ihr bil=

Psalm. 39. lich euch mit David rühmen könnet: Der gütige GOtt hat uns auf dem Felsen/ nemlich auf die Catholische Warheit, gestellet/ und unsere Schritt geleitet/ daß wir in keine Ketze= rische Abweeg getretten seynd. Glückseelig seyet ihr, weilen ihr euch in jener Kirchen befindet, dessen Alterthum alle Ge= dächtnuß übersteiget, dessen Taurhafftigkeit kein End weiß, dessen Weite kein Zihl hat, dessen Söhn und Töchter die Stern

am

am Firmament übertreffen: In jener Kirchen, deſſen Geſponß GOTT, deſſen Heyraths-Gut die Gnad, deſſen Regent der Heilige Geiſt, deſſen Zeugnuß das Wort GOttes, deſſen Speiß der Leib und Blut Chriſti: In jener Kirchen, deſſen Geſatzgeber die Weißheit GOttes, deſſen Saamen das Blut Chriſti, deſſen Stärcke die Krafft deß Gecreutzigten: In jener Kirchen, welche zwar bey ihren Anfang ſchon angefochten, jedoch allzeit biß auf diſe Stund obſigend geweſen iſt, und noch biß zu End der Welt verbleiben wird. Wahrhafftig glück- und überglückſeelig ſeyet ihr, weilen ihr in diſem Glauben mehrers beſitzet, als was die gantze Welt geben kan; dann nach Außſag deß heiligen Vatters Auguſtin: ſeynd keine gröſſere Reichthum/ keine reichere Schätz/ keine höhere Ehren/ ja die gantze Welt hat in ihrer gantzen Vermögenheit nicht ſo Groſſes/ Vortreffliches/ Hertzliches/ ſo dem Catholiſchen Glauben könne und möge verglichen werden. *Serm. 10. de verbis Apoſtoli.*

Der Tröſter aller Betrübten, GOtt der Heilige Geiſt, wolle euch noch ferners ſein Gnaden-Liecht mittheilen, und in diſer Glückſeeligkeit beveſtigen, damit ihr nach diſer zeitlichen zu der ewigen gelangen möget. Alſo wünſchet euch von Hertzen

Euer in Chriſto Freund
und Bruder

D. G. A.